KB127134

실리콘밸리, 유토피아 & 디스토피아

첨단기술이 우리에게 되묻는 것
실리콘밸리, 유토피아 & 디스토피아

1판 1쇄 발행 ; 2021년 11월 15일

지은이 ; 애드리언 도브
옮긴이 ; 이동수
펴낸곳 ; 도서출판 팡세

편집 ; 맹한승   디자인 ; 아르떼203

등록 ; 2012년 8월 23일 제 2012-000046호
주소 ; 서울시 성동구 마장로 262, 101동 2205호
전화 ; 02) 6339-2797
팩스 ; 02) 333-2791
전자우편 ; pensee-pub@daum.net

값은 표지에 있습니다.
ISBN 978-89-98762-10-0 03300

실리콘밸리, 유토피아 & 디스토피아

첨단기술이 우리에게 되묻는 것

애드리언 도브 지음 _ 이동수 옮김

What Tech Calls Thinking

An Inquiry into the Intellectual Bedrock of Silicon Valley

 도서출판 팡세

실 리 콘 밸 리 가   사 상 이 라 고   부 르 는   것

저자 애드리언 도브는 스탠포드 대학교에서 비교문학과 독일학을 가르치는 교수이자 동 대학 미쉘 클래이먼 젠더 연구소장으로 지금까지 여러 권의 책을 펴냈다. 그의 연구분야는 19세기 문학, 음악 그리고 철학의 상호 교차점에 초점을 두고 있다. 그의 글은 〈가디언(Guardian)〉, 〈더 뉴 리퍼블릭(The New Republic)〉, 〈n+1〉, 〈롱 리드즈(Longreads)〉, 그리고 〈로스앤젤레스 서평(Los Angeles Review of Books)〉 등에 실렸다. 그는 샌프란시스코에 살고 있다.

애드리언 도브의 다른 저술

- 제임스 본드의 노래: 후기 자본주의 팝 찬가 〈공저〉(The James Bond Songs: Pop Anthems of Late Capitalism)

- 네 손 달린 괴물: 네 손 피아노 연주와 19세기 문화(Four-Handed Monsters: Four-Hand Piano Playing and Nineteenth-Century Culture)

- 트리스탄의 그림자: 성의 특질과 바그너 이후의 전 예술품(Tristan's Shadow: Sexuality and the Total Work of Art After Wagner)

- 야만적 결합: 독일의 관념론과 낭만주의와의 결혼, 그 형이상학(Uncivil Union: The Metaphysics of Marriage in German Idealism and Romanticism)

한국 독자들에게 드리는 글

　이 책은 낯선 실리콘밸리에 이주한 한 유럽인이 썼습니다. 그 이주민이 실리콘밸리에서 감응한 저항과 특이성은 아마도 그곳을 방문하는 어떤 한국인이 인지할 수 있는 것과 비슷할 것이라고 생각합니다. 그렇긴 해도 한국인이 실리콘밸리에서 인지하게 되는 저항과 특이성은 그 유럽 이주민이 그곳에서 감응한 저항과 특이성과 동일하다고 여길 수는 없을 것 같습니다. 이 점 때문에 광세출판사에서 출간하는 저의 책 한국어판이 저를 대단히 신나게 만들기도 하면서 한편으로는 조금은 걱정도 하게 만듭니다.

　미국 북부 캘리포니아에 무리 지어 있는 기술 산업이 스스로에 대해서 말하는 이야기들은 이제 글로벌한 이야기들이 되었습니다. 이 기술 산업 회사들이 자기들의 성공에 대해서 해명하는 콘셉트는, 이 기술 산업들이 만들어 낸 자연스러운 지배의 콘셉트는, 이제 글로벌 콘셉트들이 되었습니다. 이 책《실리콘밸리, 유토피아 & 디스토피아》는 이러한 이행에 수반되는 리스크들에 관한 것입니다. 19세기 독일의 철학자 데이비드 프리드리히 스트라우스David Friedrich Strauss(1808~1874)는 "도그마에 대한 진정한 비평은 도그마의 역사를 서술하는 것이다."라고 썼습니다. 이 책은 현대의 도그마가 되어 가는 리스크를 인도한 아이디어들의 출처를 밝혀내는 것을 추구합니다. 즉 "변화가 야기하는 혼란의 가치", "플랫폼의 우월적 지배력", "소통의 중요성" 등을 인도한 아이디어들입니다. 그 아이디어들을 비합법화하지는 않고, 그 아이디어들을 우리가 비평하고, 탐구하고, 그리고 통제하는 것을 허용하게 하는 비평가 정신 안에서 그 아이디어들의 출처를 밝혀낼 것입니다.

실리콘밸리로 향한 유럽인들의 눈길에는 구세계의 특유한 일종의 열등감이 배어 있습니다. 실리콘밸리로 향한 유럽 청중들의 눈길은 마치 자신들의 미래를 보는 것처럼 희망과 걱정으로 가득 차 있습니다. 유럽인들이 중국의 선전(深圳, Shenzhen) 또는 인도의 하이데라바드Hyderabad를 볼 때는 그들이 실리콘밸리를 볼 때 느끼는 감정과는 다르게 본다는 사실은 그 사실 자체로서 흥미롭습니다. 이 책에서 제가 제시한 용어들은 실리콘밸리의 회사들이 청중의 관심을 독점하는 말이며, 청중들의 상상력을 사로잡고, 그리고 궁극적으로는 미래에 나타날 수 있는 어떤 것의 소유권을 주장하는 말, 그 청중들이 갖는 집착의 본질적 부분을 구성하는 용어들입니다. 이와 유사한 일이 한국에서도 일어나는지 아닌지에 대해서 말씀드릴 수 있는지는 모르겠습니다만, 미국을 향한 어떤 눈길도 유럽에서 보는 관점과는 매우 다른, 걱정스럽고 복잡한 것이라고 여깁니다.

　이 책에서 제가 탐구를 위해서 선택한 두서없는 책략들이 한국의 정황에 적절한 선택인지 아닌지 말씀드리기 어려운 가운데에서도, 저는 이 책에서 나타난 사고의 기본적인 윤곽이 그럭저럭 전해질 수 있게 되기를 희망합니다. 만약 그렇게 된다면 감사할 일이고, 또한 어떤 특정한 사정으로, 잘 전해지지 못해도 서운할 일은 아닙니다. 저는 우리 시대가 가지고 있는 하나의 큰 오해는 멀리 떨어진 장소들을 서로 하나로 만들 수 있다는 생각이라고 봅니다.
　우리가 알아가고 있는 디지털의 세계는 아마도 거의 전 세계적으로 널리 퍼져있는 것이라고 봅니다. 그러나 그것은 또한 누구에게나 지역적일 수 있습니다. 이 글을 쓰고 있는 바로 이번 주에 페이스북이 몇 시간 동안이나 다운되었습니다. 북아메리카에서 이 사건은 재미있는 밈(역주: memes, 하나의 문화권 안에서 개인과 개인 사이에서 모방을 통해 퍼지는 아이디어, 처신, 스타일을 일컫는데, 종종 어떤 특정한 현상이나 주제를 나타내는 상징적 의미를 옮기기도 한다.)의 교환을 해왔던 사람들을 그들의 가족들과 사진들을 공유할 수 없게 만든 것을 의미합니다. 이 사건은 전 세계의 어떤 지역에서는 대규모의 사람들이 인터넷에 완전히 차단되었다는 것을 뜻합니다. 또 다른 곳에서는 어떤 전자 상거래 시스템들이 작동되지 않았다는 것을 의미합니다. 그리고 캘리포니아 팔로 알토 시에서는 페이스북 직원들이 자기들의 사무실에 들어갈 수 없었던 것을 의미합니다. 왜냐하면 페이스북의 구내는 거의 페이스북 시스템에 의해 운영되기 때문입니다.

이번 사건을 통해 확실해진 것은 페이스북은 아무에게나 페이스북일 수 없다는 것입니다. 마크 주커버그Mark Zuckerberg가 생각하는 소통이 의미하는 것에는, 기술 산업이 사상이라고 부르는 것에는 수많은 가지가 있고, 그리고 세계의 다른 지역을 위한 다른 가지들이 있다는 사실입니다. 저의 이번 책은 실리콘밸리의 기술 산업이 만든 프레임을 수용하는 데에서 오는 위험에 관한 것입니다. 그리고 그 프레임 씌우기의 역사에 관한 것입니다. 또한 기술 산업이 사랑하는 단어 "새 틀 짜기"를 위한 원천이 무엇인가에 관한 것입니다.

차례
What Tech Calls Thinking

서문

이 책은 자신들의 사상에는 어떠한 역사도 사상도 없는 체하는 것을 좋아하는 실리콘밸리 사람들의 아이디어의 역사에 관한 이야기이다. 기술산업은 대개 이 책에서 언급하는 종류의 문제에는 관심이 없고 단순히 제품을 생산하고 그것을 시장에 내놓는 데에만 급급하다. 마크 주커버그Mark Zuckerberg는 다음과 같이 말했다.

"처음에 저는 우리가 하고 있던 일의 사명에 대한 소통에는 서툴렀어요. 우리는 그저 매일 회사에 나타나서 우리가 생각했던 것들을 곧바로 실행에 옮기기에 바빴죠."

사명이나 문제의식은 나중에 가서야 중요한 것이 되었다. 나중에 주커버그는 스스로에게 물어야 했다. 기자들에게 뭐라고 설명하지? 하원의원들한테는? 내 자신에게는? 이 같은 주커버그의 말에는 그들이 매일 회사에 나타나서 좋은 상품, 돈이 되는 상품을 만드는 것을 선전하는 것만이 전부가 아니었고, 페이스북을 꾸며 만들어가는 일에는 어떤 사명도 함께 '존재했었다'는 뜻을 내포하고 있다. 이 책《실리콘밸리, 유토피아 & 디스토피아》는, 기술산업 기업가들과 그들을 숭배하는 언론사들이, 기술산업의 이야기가 우리가 살고 일하는 세상에 관한 보다 폭넓은 이야기에 맞춰져야 한다고 생각하는 시점에서, 한번쯤은 자기들이 하고 있는 일에 대한 전후 관계를 설정하는 게 필요한 지점에 도달했다고 보는 관점에 관한 이야기다.

실리콘밸리가 세상을 새롭게 만들고 있기 때문에, 구글이나 페이스북 같은 회사들에게 인도되었다고 주장하는 고매한 아이디어들을 면밀히 검토하는 데에 언론인, 학자, 행동가들은 더욱더 시간을 할애하고 있다. 언론인 프랭클린 포어Franklin Foer 같은 사람은 "실리콘밸리 회사들이 일련의 이상적인 아이디어들을 가지고 있지만, 그것들 역시 사업 모델이다. 그들은 자기들의 사업 모델을 정당화하기 위해 결국 여러분들의 이상을 재구성하는 것이다."라고 말한다. 이 책은 실리콘밸리 회사들의 아이디어가 어디에서 왔는지 물을 것이다. 이 물음은 지엽적인 것과는 거리가 있다. 그것은 실리콘밸리가 가져온 변화에 관련된 것들이 어떻게 사람들에게 공감을 얻어 필수적인 것으로 바뀌었는지에 대한 물음이다. 이 책의 관심은 기술산업에 관련된 사람들이 어떤 방법으로 자기들의 사업계획에 대해서 이해하며, 어떻게 기술산업과 보다 넓은 세상과의 관계를 맺는지를 이해할 수 있는 내용이 될 것이다. 여기서는 실리콘밸리에서 사업할 때 일상적으로 사용하는 용어들에 대한 얘기는 많이 하지 않을 것이다. 흥미로운 책들이 그럴 수 있고, 지금까지 흔히 그래왔듯이, '사용자', '플랫폼', '디자인' 같은 용어들이 담고 있는 생각에 대해서 쓸 수 있겠지만 여기서는 다루지 않겠다. 그보다는 기술산업 세계가 그들이 일상적 사업 범주 관점에서 벗어나서 세상을 바꾼 부분, 'X'를 혼란에 빠뜨리고 'Y'를 해방시키는 것에 대해 얘기하겠다. 타리르 광장의 저항,(역주: 순교자의 광장이라고도 불리는데, 이집트 카이로 중심가에 있다. 2011년 무바라크 대통령을 권좌에서 끌어낸 이집트 혁명을 이끈 민중집회 장소로 유명하다.) 그리고 27달러 기부금(역주: 미국의 버니 샌더스 상원의원이 2016년도 대선 예비경선 때 부자들로부터 거액의 기부금을 받는 것을 거부하고 많은 보통사람들로부터 소액 기부금을 받기 시작하여 2020년 대선 때에 이르러서는 35만 명이 넘는 사람들로부터 천만 달러가 넘는 기부금을 모았는데 이 금액을 일인 기준으로 나누면 대략 평균 27달러가 됐다는 데에서 나온 얘기)에 관한 얘기이다. 이 아이디어들의 행로가 어떻게 되며, 그 아이디어들의 출처가 어디인가가 주요내용이 될 것이다.

사실 이런 아이디어들은 그만의 특별한 역사를 가지고 있다는 것은 중요하다. '디자인 사고'라는 용어가 말해 주듯이, 실리콘밸리에서는 질문, 문제, 또는 해결 등을 '재구성'하는 일을 잘한다. 그리고 원래의 것과 재구성된 버전 사이의 관계가 어떤 것인지 불분명할 경우가 자주 생긴다. 때때로 재구성된 버전 방식으로 문제를 설명하는 것이 원래의 버전과는 별 상관이 없다는 느낌을 종종 갖게 한다. 그것은 원래의 문제조차 아무 관련이 없는 것이 되게 만들지도 모른다. 이런 문제들은 기술혁신이 안고 있는 태생적인 문제일 수도 있다. 결국 기억이 어떻게 작동하여 변화를 만들어냈는지에 대한 역사를 유추하는 것은 쉽지 않다. 1960년대에 통신 이론가 마셜 맥루헌(Marshall McLuhan, 1911~1980)은 "기술의 효과는 의견이나 개념 수준에서는 일어나지 않고 감각비율이나 인식의 패턴이 어떤 저항도 없이 서서히 바뀌면서 효과가 일어난다."라고 제안했다.

그러나 그것은 확실하게 이야기의 일부일 뿐이다. 어느 정도까지는, 망각된 개념들 가운데서 기술산업회사들이 끌어와 공공정책으로 채택한 것은 디자인에(그들은 그렇게 한다는 것을 인정하지 않지만) 의한 것이다. 문제의 참신성에(아니면 적어도 그것의 틀) 대한 맹목적 숭배는 유사한 문제와 관련하여 이전에 분석적 도구로써 대응하던 사람들을 소외시키는 것이다. 이러한 기술들이 많은 경우에 진짜 참신한 것이라고 인정된다 하더라도, 기존에 사용되던 표준 분석적 도구들이 실제로 널리 통용되던 때에도, 신기술을 개척하고 사용하는 회사들은 전통적 이해의 범주를 정당화하지 않는다는 점을 시사한다. 기술산업회사들의 이 같은 행태는 오랫동안 전통적으로 문제를 분석해 오던 사람들, 가령 전문가, 활동가, 학자, 조합조직가, 언론인, 또는 정치인 등 모두를 소외시키는 경향이 있다.

그동안 기술산업회사들이 얼마나 기술결정론에 매달려 왔는지 생각해 보라. 그들은 기술결정론이 만들어낸 변화가 자연법칙의 특성이라는 생각을 사람들에게 고취시키고 있다. 나나 우리 팀이 이 일을 하지 않으면 누군가가 할 것이다. 그런 기술결정론은 학생들이 어떤 회사에서 일할 것인가, 그 회사에서 어떤 일을 할 것인가를 정하는 데 영향을 준다. '혼란' 그리고 '혁신' 같은 기술산업에서 쓰는 말들이 우리의 집단적 상상력을 좌우하는 데에 얼마나 중요한 의미를 갖는지 생각해 보라. 어떻게 그런 말들이 현재의 상황 중에서 어떤 부분은 완전히 무시해버리고, 또 다른 부분은 신기하게도 털끝 하나 건드리지 않은 채 그대로 놓아두는지를 생각해 보라. 어떻게 그런 말들이, 수십억 달러 대의 벤처캐피털 투자자를 납득시킬 수 있는 역량을 갖추려면 얼마만큼 혁신적이어야 하는가?라는 질문을 하면, 여러분을 무조건 고루한 사람으로 몰아가는지 생각해 보라.

이것이 우리의 생각의 한계가 곧바로 정책의 한계가 되는 지점이다. 혁신이라는 이름으로 행해지는 것들이 규제의 공백을 기회주의적으로 이용하는 것이라면 어쩔 것인가? 그 규제의 공백을 비난하기 전에, 규제라는 것은 천천히 신중하게 사후에 이루어져야만 하는 것이라는 점을 염두에 두어라. 많은 기술산업 회사들은 그들이 새로운 방법으로 돈을 버는 것을 발견한 시점과, 정부기관이 그것의 실질적 적법 여부를 결정하려고 생각하는 시점 사이에 거주한다. 사실 그들은 자주 그들의 본부를 그 지점에 주저앉힌다.

우버나 리프트를 예로 들어보자. 이 승차공유업계의 거인들은 많은 면에서 택시업계보다 소비자들에게 재빠르고 값싸게 대응하여 택시회사를 서서히 붕괴시킨다. 이에 따라 이 회사들은 많은 투자금을 유치할 수 있다. 많은 투자금을 유치할 수 있는 중요한 이유 가운데 하나는 우버나 리프트의 운전자들은 회사와 개별적으로 계약하기 때문에 회사와 가격을 협상하거나, 혜택을 제공받거나, 또는 법적 보호를 받기 어렵다는 점이다. 운전자에게 보상프로그램을 제공하는 것에서부터 운전자에게 알고리즘에 의한 승차방식을 배정하는 일까지, 이 회사들이 하는 일은, 운전자가 부업으로 운전하는 것을 제재하고, 운전자들을 조금씩 팔꿈치로 밀어붙여 결국 전업으로 운전하게 만들어버리는 게 전부인 것처럼 보인다. 그들은 전업운전이라고 부르는 것을 허용하지 않지만 말이다. 상황이 이렇게 부정적인 국면으로 치닫게 되는 것을 인식하는 순간에는 모든 종류의 규제가 만들어져 이 회사들에게 이익이 남지 않게 만들어 결국 사업을 접는 게 나은 쪽으로 몰아갈 것이다. 하지만 사태가 여기까지 오기 전까지는 이 회사들은 그들이 얼마나 참신하고 색다른가에 대해서 여러분들에게 지겹도록 얘기할 것이다.

 이 책은 새로운 것처럼 보이는 개념들이나 아이디어들이 실상 옛 모티프에 후드를 입혀 새것 행세하는 것에 관한 이야기이다. 실리콘밸리의 수사학은 전례 없었던 것처럼 보이지만, 사실은 아주 오래된 미국의 전통에, 즉 천막부흥회에서부터 정보광고까지,(역주: 인포머셜 infomercial, 광고처럼 보이지 않도록 어떤 주제에 대해 길게 정보를 제공하는 방식의 텔레비전 광고) 운명 예정설에서부터 자구론(自救論)까지에 흠뻑 젖어있다. 일반적으로, 특정한 것을 지칭하는 개념들의 요체(要諦)는 우리에게 그것의 식별을 잘 하도록 도와주는 데에 있다. 그러나 이 책의 여러 장들에서 내가 논의하는 개념들은 그런 식별을 자주 모호하게 만들 것이다. 그 반대의 경우도 있을 수 있다. 이 책의 어떤 개념들은 식별이 안 되는 곳에 식별을 만드는 것을 겨냥한다. 이 책을 통해 우리는 훈련되지 않은 눈으로는 똑같아 보이지만, 선전산업 전체가 우리에게 실상은 그 두 가지가 똑같지 않다고 말하는 현상과 되풀이해서 마주칠 것이다. 택시회사가 손해를 보는 것과 우버가 손해를 보는 것은 명백하게 다르다. 이 책에서 그려진 기술산업의 아이디어는 나쁜 것은 아니다. 그러나 그 아이디어들은 부유하고 힘있는 사람들에게는 구별해봐야 소용없는 것을 구별을 하도록 허용하며 정치적으로 중요한 차이의 인식은 묵살하게 한다. 아이디어는 그 자체로서는 위험하지 않다. 위험은 그 아이디어가 나쁜 생각으로 인도될 수 있다는 사실에 있다.

뒤에 나오는 여러 장(章)에서 나는 이런 아이디어들이 기술산업 세계에 어떻게 스며들었는지에 관한 이야기를 할 것이다. 뿐만 아니라 기술산업이 기술산업의 영웅들과 악당들의 이야기에 굶주린 언론사에게 궁극적으로 전혀 화려하지 않은 산업 얘기를 어떻게 화려한 얘기로 만들어 자신을 표현했는지에 대해서도 보여줄 것이다. 이와 같은 연구는 유명한 창업자들, 자금 제공자들, 그리고 이론가들을 전면에 내세우는 것을 필요로 한다. 자기들은 기술산업에 속해 있지 않다고 습관적으로 생각하면서도 기술산업을 꾸려나가는 사람들은 말할 것도 없고, 평범한 코딩(역주: 부호화) 제작자나 디자이너들이 기술산업에 대해 어떻게 생각하는지에 관한 내용은 그 자체로 흥미로운 과제가 아닐 수 없다. 하지만 이들의 이야기는 이 책의 과제는 아니다. 미디어는 좋든 싫든 기술산업의 '생각'을 이끌어가는 사람들에게 집착한다. 이 사람들에게 이야기를 할 수 있게 하는 것이 필요하다고 본다. 피터 틸Peter Thiel, 일론 머스크Elon Musk, 스티브 잡스Steve Jobs, 그리고 그들과 비슷한 몇몇은 1960년대 캘리포니아에서 시작되어 세계로 수출된 반체제문화운동으로부터 배운 것을 어떻게 다룰지 아는 사람들이다.

유감스럽게도, 이 책에서 내가 이런 기술산업 선두주자들에게 스포트라이트를 비추는 것은 기술산업의 중요한 오해들 가운데 하나를 재현하는 위험부담을 안고 있다. 마크 주커버그, 일론 머스크 또는 스티브 잡스 같은 사람들이 기술산업분야가 스스로를 이해하는 방법을 제대로 형상화한 게 결코 아니기 때문이다. 그러나 확실한 것은 그들이 기술산업분야와 바깥 세상과의 소통의 통로로서 대표해왔다는 점이다. 기술산업 선두주자들은 확실한 형태가 없고 분산되어 혼란스러운 산업을 논할 때, 그들을 쉽게 그 산업과 동격인물로 생각하게 되었다.(이것은 결국 실리콘밸리의 "전체를 대표하는 일부, pars pro toto"가 어떻게 일반적 역할을 해왔는지를 말해 준다.) 그들은 미디어의 창조물이다. 그들은 우리의 불안이 투영하는 곳으로 우리를 초대하고 우리의 희망을 구현한다. 가장 중요한 것은, 기술산업 선두주자들이 우리에게 어떤 사람은 - 그 사람이 카리스마가 있던지 아니면 무도한 인간이던지 - 그 여행이 어디로 가야 하는지를 아는 사람들이라는 우리의 생각에 자신을 갖게 한다는 점이다. 언론에 보여지는 모습은 대표성과 같은 것이 물론 아니다. 테라노스(역주: 엘리자베스 홈즈가 세운 회사)에 관한 영화를 만드는 것은 재미없다. 그럼 뭐가 멋진가? 엘리자베스 홈즈Elizabeth Holmes의 영화를 만드는 것이다.

기술산업이 자신에 대해 주장하는 내용을 조사해 보려는 어떤 시도에도, 기술산업의 아이디어들에 대한 역사를 되짚어 보는 것은 중요하다. 그러나 이런 아이디어들이 어디에서부터 왔는지 알게 되었을 때라도, 왜 이런 아이디어들이 쉽게 기술산업에서 채택되었는지, 그리고 왜 이 아이디어의 역사가 쉽게 잊혀지는 것인지에 관해 묻는 것은 별개의 문제이다. 이 아이디어의 이야기는 지난 칠십 년 동안 기술산업이 겪은 대전환과 서로 만나고 있다. 코딩 작업은 여성들에 의해서 이루어지는 바쁜 사무적인 일에서 남성들이 지배하는 급료가 높은 전문적인 일로 바뀌었다. 기술산업 주변의 역량은 최근 몇 년 동안 고도로 전문화된 영역에서부터 '프로그램 코딩 학습'까지 광범위하게 분포되어서 자본주의의 다양한 파괴를 위한 만병통치약이 되어왔다.

그리고 기술산업의 주변환경이 바뀌었다. 정부는 기본적으로 기술산업을 소유하는 쪽에서 그것을 규제하는 쪽으로 나아갔고, 컴퓨터 과학은 이색적인 분야여서 자신의 입지를 모색해야 하는 처지에서 대학에서 가장 인기 있는 전공과목 중 하나로 발전해 갔다. 이 분야의 문화적 가시성과 실행은 2010년 영화 〈소셜 네트워크〉(역주: 2010년 데이비드 핀처 감독이 만든 영화로, 소셜 네트워크 기업인 페이스북의 창업과 그에 따른 법적 소송을 그렸다.)가 상영된 후에도 계속해서 변화되어 왔다. 아마도 프랭클린 포어가 한 말은 반만 맞을 것이다. 실리콘밸리 회사들이 여러분의 이상적 목표를 바꾸려고 하는 것은 그들의 사업모델을 유지하려는 것뿐만 아니라 성, 인종, 계급, 역사, 그리고 자본주의에 대한 그들의 생각이 인지적 불협화음을 내는 것을 에둘러 회피하고자 하는 데에도 있다.

이 책에서 추적한 많은 아이디어들은 유사한 궤적을 담고 있다. 그 한 가지 이유는 그 아이디어들이 비슷한 시기에 등장했기 때문이다. 그것은 주로 1960년대 반체제문화에 의해서 자주 결정적 모습을 드러낸 새로운 아이디어였던 것이다. 비록 대학 주변에서 항상 맴돌긴 했어도 대학 밖에서 얻어낸 아이디어였다. 경영학자 스티븐 애덤스Stephen Adams가 지적했듯이, 이 책에서 그려진 많은 교육기관이나 연구기관은 서부해안지역에서 동부로 젊은 사람들이 빠져나가는 지속적인 두뇌 유출을 막으려는 욕구로부터 성장했다. 이런 기관들 주변에는 높은 교육을 받은 집단만이 아니라 체제개혁에 열중한 매우 독특한 사상가들도 나타났다. 이들이 새롭게 싹트는 산업 언저리에서 부상하는 담론에 이 아이디어를 주입시킨 사람들이다.

초창기의 이 아이디어들은, 연구센터에서부터 히피명상 은둔처, 또는 대학들에서부터 여러 공동체들에 이르기까지, 비상업적인 기관들과 깊은 연관을 갖고 있었다. 당시엔 사람들이 이런 아이디어에 흥미를 갖는 게 돈벌이가 된다는 사실을 별로 인식하지 않았던 때였다. 당시 기술산업회사 창업자들은 지나치게 무신경한 정부나 대학기관들에 대한 공동체적 교정의 한 방편으로 그들이 자발적으로 회사들을 설립한 것으로 생각했다. 그러나 얼마 지나지 않아, 실리콘밸리에서 흔하게 쓰여 실리콘밸리의 특성을 나타내는 '소통', '빅 데이터' 같은 용어들은, 그 문화적 특질 때문에는 점점 쓰이지 않게 되고, 경기순환의 예상 밖의 변동 때문에는 점점 많이 쓰이게 되었다. 그러면서도 변하지 않았던 것은 정규교육이 이런 아이디어를 중요한 이론으로 생각하기보다는 부차적인 것 정도로 봤다는 점이다. 그러나 전에는 학교 중퇴를 하면 틈새 프로젝트나 찾을 수밖에 없는 것으로 이해되었던 것이, 얼마 지나지 않아 중퇴가 엄청난 돈을 벌 수 있다는 의미가 되었다. 언제부턴가 기술산업이 사상이라고 부르는 아이디어들은 돈벌이를 위하여 개발되고 정제되었던 것이다.

그리고 실리콘밸리의 사상은 그 이상의 변화를 겪고 있는 것으로 보인다. 스탠포드 대학교에서 '소통'에 대해서 가르치고 있는 프레드 터너Fred Turner 교수는 그의 저서 《반체제문화에서 사이버문화까지》(2006년)에서 실리콘밸리의 지성의 원천을 추적

"언제부터인가 기술산업이 사상이라고 부르는 아이디어들은 돈벌이를 위해 개발되고 정제되었다."

했다. 그 책에서 그는 1960년대의 세대가 만약 실리콘밸리에서 돈을 벌었다면 지금쯤 우드사이드(역주: Woodside, 캘리포니아 샌마티오 카운티에 있는 법인 마을. 미국에서 가장 부유한 공동체 가운데 하나)에서 테니스를 치고 있을 것이고, 그들이 학생들을 가르쳤다면 지금쯤 거의 은퇴했을 나이가 됐을 거라고 했다. 실리콘밸리 사람의 전형적인 풍모도 변하고 있다. "십 년도 채 되기 전까지는 프로그래머의 모습은 장발에다 배불뚝이, 거기에 그리핀도 티셔츠(역주: 해리포터 소설에 나오는 Gryffindor의 모티프를 받아 만든 티셔츠)를 입고 다녔는데 이제는 더 이상 그런 모습의 프로그래머는 볼 수 없게 됐어요."라고 터너 교수가 내게 말했다.

터너 교수가 그의 책에서 언급한 사상가들이나 혁신가들의 세대들은 아직까지도 철학 전체 종목의 책들을 읽고 있다. 그들은 박사학위를 취득하고 또 컴퓨터에 흥미를 갖는다. 왜냐하면 컴퓨터가 그들에게 전에는 대답은커녕, 묻기도 어려웠던 거창한 질문들을 하도록 허용하기 때문이다. 에릭 로버츠Eric Roberts는 그 세대이다. 그는 1980년에 박사학위를 취득하고 스탠포드 대학교에 오기 전까지 웰레슬리 대학에서 가르쳤다. 그는 오늘날 스탠포드 대학교 컴퓨터과학 전공과목의 필수 관문으로 된 두 개 과목의 형태를 만든 사람이다. 그 중 한 과목은 CS 106A인데 프로그래밍 방법론이고, 또 하나는 106B인데 프로그래밍 추상화라고 부르는 과목이다. 이 과목들은 거의 모든 스탠포드 대학생들의 통과의례로써, 컴퓨터과학을 전공하든 안 하든 대학교에 다니는 동안 둘 중 한 과목은 꼭 이수해야 한다. 로버츠 교수의 또 다른 과목은 CS 181이라는 것인데 컴퓨터, 윤리, 그리고 공공 정책에 대한 강의이다. 옛날에는 CS 181 과목은 컴퓨터 과학자들에게 그들의 발명품에서 파생되는 윤리적 문제에 대한 글쓰기를 가르치는 작은 규모의 학급이었다. 그러던 것이 오늘날은 백여 명의 학생들이 강의를 듣고 수백 가지의 전공자들이 졸업 전에 이 과목을 수강목록에 올린다. 에릭 로버츠 교수는 2015년에 스탠포드를 떠나서 현재 포틀랜드의 리드 대학에서 스탠포드 시절보다 훨씬 소규모의 학급에서 강의하고 있다.

실리콘밸리의 변화는 "거의 1980년대에 일어났다고도 하고, 또는 거의 1990년대에 일어났다."고도 하는데, 로버츠 교수가 말했듯이 진정한 변화는 2008년도에 일어났다.(역주: 2008년도는 세계금융 위기가 발생했던 해이다.) 기술산업이 한창 붐을 이루던 시절에는 컴퓨터과학 과목의 숫자가 폭발적으로 많이 생기나 여기에 충당할 학급이 모자라서 교수진이 학생들을 가르치는데 어려움을 겪는 지경까지 갔었다. 로버츠 교수는 "그런데 그때, 닷컴 붕괴(역주: 2000년에서 2001년에 일어난 .com으로 끝나는 주소를 갖고 온라인 영업을 하는 회사들의 붕괴에 대한 신조어)가 아마 우리를 구해준 셈입이다."라고 말한다. 거품이 꺼지고 그 후 많은 전공과목들이 급격하게 줄어들고 난 시점에서 미디어의 보도들은 닷컴 회사들로부터 해고된 근로자들의 이야기로 가득 찼다. 대부분의 근로자들은 2002년도까지는 복직되어 좋은 급료를 받게 되었지만, 불안정성의 신화는 대불황까지(역주: 2008년을 의미) 지속되었다. 대불황 시기에는 로버츠 교수가 "일확천금을 노리는 무리"라고 부른 사람들이 투자은행으로부터 강제로 퇴출당하고, 그들이 2001년도에 조급하게 뛰어내렸던 배에 다시 되돌아가려고 시작했던 때이다. 부동산시장과 금융시장에서 데인 벤처캐피털 회사의 자금이 뭔가 새로운 것을 붙잡으려고 하던 차에 서부로 오게 된 것이다. 오늘날 우리가 알고 있는 실리콘밸리 기술산업은 어디로 달리 갈 데 없는 대규모 뭉칫돈이 어떤 인정받은 생각들과 만나 이루어진 것이다.

스탠포드 대학교 교수이자 디자인 회사 '이데오(IDEO)'의 창업자인 데이비드 켈리David Kelley는 디자인 사고(design thinking)의 주창자 중 한 사람이다. 그는 실리콘밸리가 줄잡아 1980년대부터 자신을 소개하고 마케팅해왔던 방법을 형성해왔다. 그는 스탠포드 대학교 내에 'd.스쿨(d.school)'이라고도 알려진 '하쏘 플래트너 디자인 연구소(Hasso Plattner Institute of Design)'를 창립했고 테드 토크(역주: TED Talks, "아이디어는 퍼져나가는 데에 가

스탠포드 대학교

치가 있다."는 슬로건 하에 연설, 담화를 무료로 온라인 상에 올리는 미국에 있는 미디어 조직)와 그 개발자 회의의 고정멤버이다. 거슬러 올라, 2002년도에 있었던 한 테드 토크에서, 켈리는 어떻게 디자인 사고가 기술산업을 변화시켜왔는지에 대한 일련의 예를 제시했다. 그리고 실리콘밸리의 사상의 경솔했던 사례도 제시했다. "오랫동안 기술산업회사들은 제품 또는 사물에만 초점을 맞춰왔습니다. 그러나 최근에 우리는 매슬로의 욕구단계에서 약간 위로 올라왔습니다.(역주: 에이브러햄 매슬로〈Abraham Maslow, 1908~1970〉가 1943년에 발표한 논문에서 인간의 심리에는 욕구의 단계가 있다고 주장했다. 즉 생리적 욕구에서 시작하여, 안전의 욕구, 사랑의 욕구, 존엄의 욕구, 자기실현의 욕구를 지나면 마지막으로 초월적 욕구가 있다고 말했다.) 인간중심 디자인에 보다 초점을 맞추게 된 것입니다."라고 청중에게 말했다.

그런데 켈리는 왜 매슬로의 욕구단계를 언급한 것인가? 매슬로의 유명한 욕구단계 모델은 인간의 욕구들이 어떻게 일어나며, 왜 다른 기본적 욕구들을 만나 충족된 다음에서야 다음 단계의 욕구로 발전할 수 있는가에 대해서 설명하려고 시도한 것이다. 그러나 사실 켈리가 설명하려고 했던 아이디어는 많은 철학자들이, 현상학파 철학자들 전체가 하나가 되어 씨름해 온 문제와는 대조되는 것이다. 매슬로는 분명히 현상학파적으로 말하지는 않았다. 켈리가 말하려고 했던 맥락을 살펴보면, 전에는 디자이너들이 사물에 대해서 한 가지 방법으로만 생각해왔던 것을 지금은 보다 복잡한 다른 방법으로 생각하기 시작했기 때문일 것이다. 디자이너들이 이제는 "제품에 태도와 개성"을 담아내어 디자인한다는 것을 말하려고 했던 것 같다. 디자이너들은 사람들이 어떻게 사물과 관련되어 있는지 그들이 한때 상상했던 것보다 훨씬 복잡하다는 것을 인식하고 있다. 거기까지는 좋았는데 왜 심리학자인 매슬로를 불러내어 그 문제를 얘기한 것인가?

이 지점이 우리가 기술산업이 사상이라고 부르는 것이 무엇인지 감 잡기 시작하는 곳이다. 켈리는 철학자 마르틴 하이데거가 인간의 주관성은 '세계 내 존재(being-in-the-world)'의 방식으로서만, 또는 그와 유사한 어떤 것을 통해서만 이해될 수 있는 것이라고 주창(主唱)했던 점을 거론하지 않았다. 켈리가 하이데거의 철학적 단편을 인용하는 것이 적절한데도 그렇게 하지 않았던 것은, 테드 토크의 청중들이 철학적 용어에 낯설어할 것 같아서일 수 있다. 그 대신 매슬로가 1943년에 제시한 통속심리학의 한 조각이 상투적 어구가 된 것을 논거로써 인용했다. 켈리가 매슬로를 인용한 방법도 역시 중요한 요소로 보인다. 켈리는 빠르고 장식적인 손짓만으로도 충분한 인용이나 자세한 설명을 계속했기 때문이다. 이 책의 많은 아이디어들은 이런 식으로 작용한다. 비록 아무도 그 아이디어가 어디에서 왔다거나, 그 아이디어들이 제대로 적용되는지에 대해서 시간을 들여 캐내지 않았어도, 공통으로 가지고, 넓게 공유되고 지칭될 수 있는 아이디어들이다. 이런 아이디어들은 그 아이디어가 어디에서 왔는지 따지는 철학을 구독하지 않거나, 구독하더라도 그것이 무엇인지 깨닫지 못하는 사람들에 의해서 점유되는 것들이다.

테드 토크에서 매슬로의 욕구단계이론이 쉽게 인용된 또 다른 한 가지 이유는 그 이론이 강한 지역적 유대감과 관련 있다는 점이다. 매슬로는 그의 생의 마지막 몇 년을 캘리포니아에서 보냈다. 그는 태평양 해안 고속도로에 가까이 있는 뉴에이지 명상센터인 이살린(역주: The Esalen Institute, 캘리포니아 빅 써에 1962년 스탠포드 대학 졸업생 마이클 머피와 딕 프라이스에 의해 건립된 비영리 명상센터, 국제 공동체)에서 중요한 인물이 되었다. 매슬로는 멘

이살린 명상센터

로 파크 시에 있는 민간재단에서 일했는데 그 재단은 스탠포드 대학교에서 엘 카미노 레알 길을 타고 올라가면 만난다. 이 책을 쓰면서 한 가지 놀랐던 일은 이런 종류의 아이디어들이 이 지역과 정말 관계가 깊은 것이라는 점이다. 이 책에 등장하는 사상가들이, 아니면 매슬로의 경우만 하더라도, 그가 만약 배이에리어(역주: 샌프란시스코, 샌파블로, 그리고 스위선 배이를 아우르는 캘리포니아 북부 해안지역)에 재정착하지 않았더라면, 말 그대로 이살린 센터로 가는 진입도로 쪽으로 들어오지 않았더라면, 기술산업이 받아들인 아이디어의 저수지가 지금만큼 거대하게 나타나지 않았을 것이다. 켈리가 매슬로를 언급한 것은 지역 자긍심이 작용한 것으로 보인다. 거기에는 뉴에이지 명상센터의 정신요법과, 테드 토크에서 좌파 의도적 공동체가 발표한 것들에서 끌어온 일련의 전통, 족보가 있다는 느낌을 준다.

　기술산업의 위대한 성과 가운데 하나를 여태까지 상상할 수 없었던 방법으로 세상에 공개하는 점을 감안하면 그 지역주의는 여전히 상당히 주목할만하다. 그런데 그것은 지역의 얘기이다. 기술산업은 특정한 배경, 나라들, 학교들, 사회계층 등등에서 인재를 채용한다. 특히 규모가 작거나 빨리 성장하는 회사일 경우 채용 연령분포가 극히 제한적이다. 그리고 이런 회사들과 교류하는 사람들은, 예를 들자면, 벤처캐피털 투자자이거나 변호사들인데 이들은 기술산업 종사자보다 기본적으로 다섯 살 연상이다. 실리콘밸리 사람들은 "여러분", "전 세계적", 그리고 "사람들" 같은 말들을 좋아하는데 그들이 "사람들"이라는 말을 쓸 때는 "내가 학교 다닐 때 만난 사람들." "이스트 팔로 앨토(역주: 샌프란시스코와 샌호세의 중간, 멘로파크 시 서쪽에 위치한 도시)에 있는 내 동거인들." 또는 "네 명의 내 직속 하급자."를 뜻하는 것이다. 그들의 사업모델의 보편성은 그들이 실제로 아주 적은 사람들 밖에 알지 못한다는 사실이 가지고 있는 긴장상태로 몰아넣고 있다.

　켈리가 스탠포드 대학교에서 학생들을 가르치고 있으면서도 그 대학 교수를 한 사람도 언급하지 않았다는 점도 특이한 점이다. 매슬로는 학자이긴 해도 실리콘밸리에 있는 사설연구기관에서 일했다. 실리콘밸리의 사상은 대체로 대학 밖에서 이루어졌다. 하지만 대학에서 소리치면 들리는 거리에서 이루어졌다. 학계와 애증관계에 있는 기술산업의 좀 더 유명한 주인공 중의 한 사람은 피터 틸이다. 그는 페이팔(역주: PayPal Holdings, Inc., 주요 국가들 사이에 온라인 송금을 포함한, 온라인 지불 체계를 운영하는 미국 기업)에서 일하고 페이스북 같은 회사에 투자해서 재산을 모았는데 높은 교육에 대하여 경계하는 것으로 유명하다. 틸 펠로우십(역주: The Thiel Fellowship, 억만장자 피터 틸이 설립한 틸 재단에서 23세 미만의 젊은이가 대학을 중퇴하고 창업을 하거나 과학적 연구를 하거나 사회운동을 하면 1년에 십만 달러를 지급한다.)은 대학에 가지 않는 젊은 사람에게 지급되는데, 틸은 공공연하게 대학은 거품이라고 주장한다. 하지만 그 자신은 스탠포드 대학교에서 거의 십 년을 보내면서 학사학위와 법학학위를 받았고 교수클럽을 방문하면 환영받는 존재가 된다. 일론 머스크는 자신을 독학자 정신을 가진 사람으로 묘사하기를 좋아하지만 사실 그는 스탠포드 대학교에서 박사과정을 중퇴한 사람이고 캐나다와 미국의 대학에서 많은 시간을 보낸 인물이다. 이 책에서 다루는 아이디어들은 대학 근처에서 맴돌던 것 그리고 대학 분위기가 나는 것들이다. 그 아이디어들은 교육기관과 무관할 수 없을 뿐만 아니라 집에서 만들어질 수 있는 것도 아니다. 실리콘밸리의 거물들이 제일 잘하는 아이디어 습득 방식은 이 책의 첫 장 '중퇴'의 주제이다.

중퇴

2007년 드니스 윈터스Denise Winters는 스탠포드 대학교 학생과 주임으로, 학생들의 등록하는 일을 맡고 있었다. 그녀의 임무 중 하나는 대학을 휴학하는 학생들이 작성하는 서식을 취급하는 것이었다. 그 휴학 서류 양식에는 왜 학교를 휴학하는지에 관한 정보를 제공하도록 요구하고 있었다. 대부분의 학생들은 휴학 서류에 친척이 아파서라던가 의료문제라는 이유를 들며 감정에 복받쳐 썼다. 그러면 그녀는 "소설 쓰지 마라, 결국 너희들의 일 때문이잖냐?"라고 학생들을 다그쳤다. 그런데 그 해 가을 한 학생이 써낸 이유는 대학이 요구하는 기준보다도 특이하게 간결했다. 그녀가 기억하고 있는 서류의 기록은 "〈23과 나〉는 무엇인가?"라는 문장이었다.(역주: 23andMe, 캘리포니아 써니배일에 자리 잡은 생명공학회사. 인간의 염색체 수가 23이라는 점에서 회사 이름을 만들었다고 한다.)

  얼마나 많은 스탠포드 학생들이 정보통신이나 생명공학회사에 들어가거나 창업하기 위해서 학위를 따지 않고 떠났는지 정확하게 아는 사람은 아무도 없다. 학교측에서도 학생들이 떠난 이유에 대한 데이터를 수집하지 않는데, 하기야 학교 그 자체를 놓고 볼 때, 학교가 학생이 중퇴하는 것은 학생 자신의 이력에 흠을 내는 것이고, CNBC(역주: 미국의 경제 및 금융 전문 TV 채널)에 자랑스럽게 알릴 일이 아니라는 생각을 가졌던 시대의 유물이니 그럴 만도 하다. 스탠포드 대학교 행정가들은 중퇴자들의 숫자가 스탠포드 대학교 수준의 다른 대학의 경우보다는 많지만 아주 많지는 않을 거라고 말한다. 적지 않은 숫자의 중퇴하는 학생들이, 일반대중이 기술산업에 대하여 상상하는 방식과 최근 반복적으로 일어나는 젊은 수재들의 중퇴에 과다하게 영향을 받아왔다. 여러분이 만약 하버드 졸업생이라면 어떤 전설을 만들고 있는 게 분명하다. 하지만 여러분이 하버드 중퇴자라고 말할 수 있는 경우에 한해서만 만들 수 있는 또 다른 종류의 전설이 있다.

  생명공학 스타트업 회사 테라노스의 전 CEO 엘리자베스 홈즈는 현재 텔레뱅킹 금융사기 공모 혐의로 재판에 회부되어 샌호세 법정에서 심리 중인데, 중퇴자의 전설에 대하여 그 어느 누구보다 잘 이해될 수 있는 인물이라고 보여진다. 2014년 10월

CNN 방송 헤드라인에 "그녀는 미국에서 가장 어린 여성 억만장자이다. 그리고 중퇴자이다."라고 발표되었다. 수년간 그녀가 스탠포드를 중퇴했다는 사실을 언급하는 아침 섞인 프로필이 출판되었는데, 이것은 그녀가 실제로 스탠포드를 졸업했을 경우를 언급하는 것보다 아마도 훨씬 더 종교적이기까지 한 것이다. 중퇴가 그녀의 이력서에 중요한 한 항목이 된 느낌이다. 그리고 그녀에 대한 거의 모든 기사가 그녀보다 먼저 중퇴한 유명한 악당들의 사진첩, 즉 빌 게이츠, 스티브 잡스, 마크 주커버그 등을 참고로 열거했다.(이들에 대한 기억을 들먹였던 것은 틀림없이 홈즈가 미성숙한 상태에서 학교를 떠나기로 결심한 때를 의미한다.)

사실 홈즈가 스탠포드를 떠난 것은 그녀에 대한 기사가 CNN 헤드라인을 장식했던 때보다 십 년 더 전의 일이다. 그녀는 전에 로스앨토스힐스에서 살 때 이웃이었던 사람, 그때 당시 실리콘밸리에서 가장 인정받던 벤처캐피털리스트들 중 한 사람이었던 팀 드래이퍼Tim Draper로부터 백만 달러를 유치했다. 홈즈는 그 당시 스탠포드 시절의 친구 오Oh와, 타이완에서 의료기기회사를 운영하던 오의 아버지와 오의 가족들한테서도 돈을 구했다. 홈즈를 '중퇴자'라고 부르는 데에는 두 개의 행동이 서로 유사하지만 전혀 다른 의미를 지닌 정확하고도 객관적인 교훈이 있다. 여기에는 투자자들이나 언론 그리고 대중들이 이처럼 중퇴자들에 대해서 알랑거리는 점뿐만 아니라, 매우 특이한 성향을 지닌

애들에게 있는 '중퇴 전염병'에 대한 우려도 함께 작용한다는 이중의식이 작용하고 있다는 점이 자못 흥미롭다. '중퇴 전염병'에 대한 다소 유쾌한 언급이 빌 게이츠 재단의 보고서로부터 나왔다. "얘들아, 너희가 빌 게이츠가 아니면 빌 게이츠처럼 하지 마라." 아마도 인지부조화가 이 말의 핵심일 것이다.

창업자가 회사를 시작하기 위해서 명문대를 중퇴하는 것은 창업자의 스토리를 입력시키는 일이다. 실제로는 대학생활에 별로 참여하지 않았으면서 명문대에 참여했다는 스토리를 덧씌우는 것은 근사한 방법이다. 엘리트의식을 가진 사람이 엘리트를 눈에 띄게 업신여긴다. 아니 그보다 더하다. 엘리트의 훈훈함에 은혜를 입은 처지인데도 불구하고 엘리트를 무시한다. 그렇지만 "도대체 중퇴하는 것이 어떤 종류의 교육인가?"라는 물음은 가치가 있다. 왜냐하면 미디어에서 그려지는 기술산업의 전형적인 기린아들은 대학에 가지 않는 것이 아니기 때문이다. 그들은 대학을 새로운 방법으로 간다. 학교에서 모습을 보여주며 얼씬거리고, 몇 개의 과목을 수강하고, 약간의 친구를 사귀고, 그리고 중퇴한다. 우리는 중퇴하는 행위, 특히 실리콘밸리 쪽을 들여다볼 텐데, 중퇴하는 것이 성공한 사업가들을 연상시키기 보다는 1960년대의 일련의 반체제문화운동을 상기시킨다. 그렇긴 해도 유명한 기술산업 중퇴자들은 인습에 얽매이지 않는 사고와 독립성이라는 어휘들을 공유하는 것도 사실이다.

'중퇴 전염병'에 대한
다소 유쾌한 언급이 빌 게이츠 재단의
보고서로부터 나왔다.
"얘들아, 너희가
빌 게이츠가 아니면
빌 게이츠처럼 하지 마라."

중퇴하는 행위는, 무엇이 창업자들이 현재 성취한 수확물을 형성하는데 영향을 미쳤는지에 대하여 연구하는 역사학자에게 하나의 도전거리를 만들어 준다. 스탠포드 대학교에는 그 학교를 졸업한 거의 모든 첨단기술 전문가를 가르친 교수들이 있다. 따라서 그 교수들이 컴퓨터에 대해서 어떻게 생각해왔는가 하는 측면이 그들이 가르친 제자들에게 어느 정도의 영향을 주었을 것이라고 짐작하는 것은 무방하다고 본다. 구글의 창업자들은 그들의 그 유명한 모험이 형태를 갖추게 된 것이 테리 위노그라드Terry Winograd 교수의 영향임을 인정한다. 학문적 사고가 오랜 훈련에 점점 비중을 덜 두고 순간적인 것과 점점 더 많이 마주칠 경우 이 방정식이 어떻게 실용적인 근접비행을 바꾸게 할까? 대학이 인내심을 가지고 인재를 배양하기보다 명성과 멋진 아이디어와의 짧은 수분(受粉)에 더 치중한다면?

이 장에서는 후속되는 여러 장들에서 탐구되는 모든 용어들에 대한 논거를 제시할 것이다. 어떤 사람이 일반적인 교육과정의 맥락에서 아주 길고 풍부한 역사와 부딪친 '소통' 또는 '콘텐트' 같은 개념들을 그 사람의 룸메이트들에게 얘기하고, 대학을 그만 두고, 크레디트카드의 지불을 쉽게 만들 수 있는 방법을 고안할 때에, 이 개념들이 어떻게 기능하는지를 살펴볼 것이다. 여러분이 기본적인 요점을 이해했다고 하더라도 어쩌면 그 이해가 요점에 훨씬 못 미친다면 이런 개념들이 어떻게 작동할 것인가?

대학의 전인 교육을 외면한 중퇴자들

미국에서 대학을 다녀본 사람이라면 임의적인 요구 사항, 재미는 있어 보이지만 이질적인 강좌 개설, 시간이 맞지 않아 결정했거나 과목을 바꾸는 변덕으로 정한 수강신청 등을 산발적으로 경험해 보았을 것이다. 이런 종류의 경험은 대학생활의 처음 몇 년간에 특히 많이 일어난다. 이런 경험은 중퇴생에게는 전형적인 것이다. 2004년 마크 주커버그가 하버드대를 중퇴하기 전에 택한 수강과목들이 무엇인지 알아내는 데 어려움을 갖는 사람은 없을 거라고 보여진다. 그가 수강했던 과목 중 눈에 띨만한 것은 해리 루이스Harry Lewis 교수의 강좌 CS 121(빌 게이츠가 하버드대를 중퇴하기 전에 수강한 과목이라는 점 때문에도 주목된다.)과 심리학이다.(페이스북이 우리들의 심리를 이용하는 것으로 짐작되기 때문이다. 비록 주커버그 자신은 그가 학교를 떠나기 전까지 심리학분야에 많은 과목을 수강하지 않았다고 말했지만) 2017년도 하버드 졸업식 연설에서 주커버그는 경제학 입문과목 EC 10을 수강했었다고 언급했다.

주커버그가 하버드의 핵심 이수과목(도덕적 추론이나 외래문화 등 11개 영역)을 거의 모두 확실히 수강했었다고 가정한다고 하더라도, 유명한 전설로 되어버린 과목들은 그가 하버드를 일찍 떠난 후 무엇을 할 것인가를 예측할 수 있는 것에 한정되는 것이다. 좀 우스운 것은 대부분의 사람들을 위해 대학이 이런 식으로 일하지는 않는다는 것이다. 매년 나는 화가 난 학부형들로부터 이메일을 받는데 페미니스트, 젠더, 성 연구 같은 것에 대한 학위를 가지고 아이들이 할 수 있는 일이 뭐가 있겠느냐는 질문이 그것으로, 항의메일에 대한 답신으로 나는 어떤 일이든 할 수 있다고 대답한다. 중퇴하는 행위가 어쨌던 그 방정식을 바꾸고 있다. 미국 대학의 교양학부 과정에서도 중퇴가 일어나고 있다. 대학은 점점 4년제(역주: 일반 교양을 교육하는 과정이 있는)가 필요가 없는, 직업교육 중심적이고 눈에 보이는 성과를 추구하는 쪽으로 변하고 있다. 중퇴하는 사람들이 있는 학교 그리고 중퇴하는 사람들이 칭송받는 곳에서는 특히 그렇다.

마크 주커버그가 "나는 대학에서 수강한 과목들에서보다 임의적인 사이드 프로젝트에서 코딩을 더 많이 배웠을 겁니다."라고 한 말이 기록되어 있다. 대학을 중퇴하는 이유에는 꽤 노골적인 거래와 관계가 있다. 전인적 교육, 교양과목, 원만한 학생, 미래를 책임지는 시민 등, 이 모든 것들이 잘 짜인 교육 프로그램을 통하여 여러분들이 원하는 것을 이룰 수 있다는 것이 대학의 입장이다. 냉소적인 사람들은 아마도 여러분이 대학에 4년간 건네주어야 하는 현찰의 가치가 대학이 이런 아이디어들을 추진하면서 기뻐하는 이유가 될 거라는 점에 대해서 얘기할 것이다. 그러나 중퇴자들은 대학을 이런 식으로 보지는 않는다. 그들은 대학을 단순한 고객으로서 접근하는데, 막연하게 대학의 교육 프로그램에 불만스러워 하는 사람들이다. 거의 모든 중퇴자들은 대학을 잊혀지는 경험의 한 종류로 여긴다. 피터 틸은 예외의 경우인데, 그는 고등교육과 "당신에게 키스할 것인지 당신을 죽여버려야 할 것인지 헷갈리는" 기묘한 상호 의존 속에 갇혔던 것으로 보여진다. 그러나 이런 것은 당신이 대학의 일부라고 생각한 것을 바꾸도록 요구한다.

CNBC는 주커버그가 한 말들을 인용 보도할 때, "하버드에서 배운 것보다 취미생활에서 더 많이 배웠다."라는 말을 프레임으로 잡았다. 그러나 주커버그가 그런 뜻으로 말한 것은 아니었다. 그가 말한 것은 하버드 '수강과목'으로부터 배웠던 것보다 취미로 했던 '코딩 작업'에서 더 많은 것을 배웠다는 뜻이었다. 그리고 코딩하는 취미는 하버드에 등록해 다닐 때 갖게 된 것이었고 그것 또한 하버드 대학의 경험의 일부라고 말할 수 있는 것이다. 더구나 '하버드'라는 환유(역주: 換喩, metonymy, 사물을 직접 가리키는 대신 그 속성, 특징으로 나타내는 방법; crown으로 king을, the cradle로 childhood를 나타내는 것 등등)는 여러분이 하버드에서 택한 강좌들과 동일한 것이 아니다. 그리고 대학 자체에서보다 '임의적인 사이드 프로젝트'에서 더 많은 것을 배울 수 있다는 생각에 동의할 사람은 아무도 없을 것이다. 이것은 결국, 믿을 수 없을 만큼 비싼 기숙사 시설에 대한 홍보를 정당화하는 것과 같은 맥

마크 주커버그   피터 틸

실리콘밸리의 자유로운 직장 모습

락이기 때문이다. 주커버그가 페이스북의 다른 공동 창업자들을 하버드 출신에서 택한 것은 그럴만한 이유가 있는 것이다. 그러나 CNBC는 주커버그의 말들을 대학을 인정하지 않는다는 프레임으로 보도하기를 원했다. 중퇴에 대한 지배적인 담론 가운데에는, 우리가 살면서 같지 않은 것으로 알고 있는 몇 가지가 동일시 된다. 여러분이 택한 강좌와 대학 그 자체, 그리고 여러분이

택한 강좌와 여러분이 궁극적인 사업 성공을 위해서 준비한 것
등이 그것이다.

 명확하게 말하면, 주커버그가 하버드 시절의 사이드 프로젝
트를 거론한 것은 여러분에게 중퇴를 권유한 것이 아니라는 점
이다. 그는 "여러분이 해왔던 일 밖에서도" 창의적인 사람이 되
는 것이 중요하다는 점을 강조하기 위해서 예를 든 것일 뿐이
었다. 그러니 다시 한번 CNBC가 씌운 프레임을 벗겨내 보면,
아마도 주커버그가 대학을 어떻게 생각했는지가 확연히 드러날
것이다. 무엇보다 대학은 주커버그의 제일 첫 번째 일이었던 것
이다. 그는 필요한 것을 배우기 위해 충분히 오래도록 참아냈고,
더 이상 배울 게 없을 때 새로운 기회가 왔고, 회사를 차렸다. 기
술산업에서, 특히 실리콘밸리에서 이직을 하는 사람들을 관찰해
온 사람이라면, 그들에게서 공통적으로 어떤 습관적 행동을 볼
수 있다. 실리콘밸리에서 일하는 재능 있는 젊은 기술직 종사자
들 가운데는, 그들 자신의 빛이 바래거나, 그들의 기술에 더 이상
아무도 흥미를 갖지 않게 될 때까지 한 회사에서 너무 오래 머물
수 없다는 그들만의 두려운 마음이 있다. 새로 시작한 스타트업
회사에서도 창업 후 2~3년이 지날 때까지 아무도 그들의 말을
경청하지 않고 관심을 갖지 않게 되면 어쩌나 하는 공포가 있다.

명문대의 간판과 그 후광만을 창업의 도구로 생각했던
엘리자베스 홈즈

엘리지베스 홈즈가 스탠포드에 입학한 것은 2002년이었고 2004년 겨울 분기에 중퇴했다. 여기서 내가 확실히 하고자 하는 것은 나는 그녀의 성적증명서를 보지 않았다는 것이다. 그런 짓은 혐오스러울 뿐 아니라 불법일 것이다. 그러나 나는 스탠포드에서 학생들에게 홈즈의 짧은 대학 경험이 그녀에게 어떻게 작용했는지 추측해보라고 조언해왔다. 홈즈는 아마도 그 당시 기초 인문학 강좌라고 알려진, 인류의 사상, 가치, 믿음, 창의성, 그리고 문화에 대한 연구를 통한 지적 토양의 구축을 목표로 하는 일반적 교육을 필수과목으로 수강하였을 것이다. 2002년도 가을 분기에 이 인문학 강좌는 '도덕 관념' 또는 '시민권' 혹은 '자연과 함께하는 사유'라고 불리는 큰 그림을 배우는 것이었다. 이 인문학 강좌는 가을 분기의 여덟 개의 과목에다 겨울 분기와 2003년도 봄 분기까지 이어지는 두 개의 강좌가 더 있었다. 실제로 가을 분기 강좌는 대부분 기록된 역사를 다룬 다섯 권의 위대한 책을 중심으로 구성되었다.(길가메시에서 시작하여 만화책까지) 겨울 분기와 봄 분기 강좌는 좀 더 좁은 궤도에서 뽑은 열 권의 책 세트를 중심으로 설계한 것이었다.

홈즈도 '작문과 수사학'이라는(PWR이라는 약자로 통칭되며 파워라고 발음한다.) 강좌를 수강했을 것이다. 그녀가 영어활용(English AP) 점수를 4나 5로 받지 않았다면 2분기 연속으로 이어지는 강좌를 수강했을 것이고, 4나 5를 받았으면 속성으로 된 한 분기만 수강했을 수도 있었을 것이다. 수강하는 데에는 언어능력을 요구한다. 하지만 홈즈는 고교 시절에 습득한 중국어 몰입학습 덕분에 통과할 수 있었다. 존 캐리루John Carreyrou 기자(역주: 〈월스트리트〉지에서 1999년부터 2019년까지 20년간 근무, 엘리자베스 홈즈가 세운 테라노스 회사의 사기행각을 밝힘, 퓰리쳐 상을 두 번 수상)의 보고서에 의하면 그녀는 스탠포드에서 첫 분기에 필시 '21세기의 약물전달체계'라고 불렸던 입문 세미나를 수강했을 것이다. 그 강의를 맡은 사람은 채닝 로버트슨Channing Robertson 교수였는데, 그는 결국 홈즈가 세운 테라노스 회사의 초기 자금을 구하는데 도움을 주는 일을 하게 되었다. 홈즈는 로버트슨 교수의 기초 화학공학을 봄 분기에 수강했을 것이고, 그리고 학교를 그만두었을 것이다.

내가 스탠포드 대학교의 세세한 부분을 설명하는 이유는 '스탠포드 중퇴'라는 단어가 상기시키는 미래에 대한 준비는, 홈즈가 준비한 것에 보여진 실상과는 상반된다는 점을 지적하기 위해서이다. 홈즈가 2009년에 행한 한 인터뷰에서 "다른 몇 가지 화학공학 수업은 나에게 더 이상 필요하지 않다."고 마음먹었다고 말한 것은 그 뒤에 나타난 결과와는 상반되는 역설적인 것이

어서 여러분의 숨이 멎게 하는 일이다. 또 다른 인터뷰에서 "저는 엔지니어로 훈련 받았어요."라고 말했다. 그녀의 거대한 사기 사건이 밝혀지기 전에 한 이런 말들을 듣고 사람들은 '그래, 그럴 수 있겠군. 생각이 비슷하고 동기가 뚜렷한 젊은이들이 넘치는 곳에서 마법적이고 압축적인 일년 동안 집중적으로 공부한다면 많은 것을 배울 수도 있겠다'고 쉽게 고개를 끄덕였을 것이다. 그런 조건에서라면 원하는 기술을 습득하는 것이 가능할 수도 있을 것이다. 하지만 실제 홈즈가 받은 교육은 그런 전문적인 수준의 것이 아니었다. 그녀가 받았다고 주장한 그런 전문적인 교육은 그녀가 작문과 수사학을 배운 연후에, 필수과목 수강을 마친 후, 중국어 다듬기 그리고 도덕 관념 또는 여기에 따르는 몇 가지 과목의 탐구를 마치고 난 다음에서야 받을 수 있는 것이었다.

  많은 교수들이 대학 중퇴자들에 대하여 갖는 염려는 대략 이런 것들이다. 즉, 교수들은 중퇴자들을 일반교양교육에 대한 폭행의 일부라고 보고, 중퇴자들이 대학을 직업학교 정도로 생각하거나 취급하고, 전인격을 갖춘 개인과 선한 시민을 양성하려는 대학의 노력을 전적으로 무시한다고 생각한다. 그리고 그런 행태는 정말 중퇴자들이 하는 짓일 수 있다. 또한 역설적이게도 미국의 거의 모든 교육기관에서 중퇴자들이 얻는 것은 '겨우' 평범한 일반적인 것들 뿐이라는 게 드러났다. 이런 사실이 누군가의 생각하는 방식에 영향을 줄까? 그렇다고 한다면, 중퇴자들이

편협한 사상가로서 학교를 떠나는 것을 의미하는 것이 아닐 수 있다. 홈즈가 중퇴하지 않았다면(아마도) 스물다섯 권의 서양경전을 읽었을 것이고, 그것은 대단한 것이다. 그 강좌는 그녀의 생명공학 스타트업 경영 준비에 필요한 것으로 구성된 것일 터인데, 내가 여기서 그 강좌를 홍보한 문구를 인용해보면, "시장에 출시된 상품 또는 출시 준비 상품에 대한 초청 과학자와 엔지니어의 강의 그리고 현장학습"이다.

중퇴자들은, 사상가적 견지에서 한편으로는 그것이(역주: 전인교육) 완전하게 옳다는 것은 알지만 상대적으로 식상한 일반론은 누구를 위한 것인가라는 회의와, 다른 한편으로는 중퇴하는 것이 근시안적인 문제라는 생각 사이의 위험을 감수하고 학교를 떠난다. 이 두 가지 사이에 있는 다소 큰 폭의 격차는 그들이 대학을 계속 다니면 대학 후반기에 채워질 수 있는 것이다. 이런 큰 그림의 문제가 어떤 특정분야에서 다소 성가신 문제로 나타날 수 있다. 너무 일찍 중퇴하는 학생들에게는 불행하게도, 스탠포드 대학교에서는 모든 엔지니어들의 후반기 학년에 필수과목으로 윤리를 수강하도록 되어 있다. 만약 홈즈가 2002년으로 거슬러 가서 이런 윤리과목들을 수강했더라면 오늘날 그녀가 어떤 위치에 있게 될지 누가 알겠는가?

중퇴 신화 창조의 허구성

그러나 엘리지베스 홈즈 같은 중퇴자들은 기숙사에서 짐을 꾸려 나갈 때 그들보다 먼저 중퇴해서 기술산업에서 성공한 사람들을 교묘하게 끌어들인다. 그들은 덜 알려진 것일 수 있는 훨씬 옛날의 중퇴에 관한 역사도 덧붙인다.

기원(起源)에 대한 이야기는 실리콘밸리에 널려 있다. 회사들도 가지고 있고, 창업자들도 가지고 있고 심지어 임의로 고용된 사람들도 신화 만들기에 몰두하는 것처럼 보인다. 그런 이야기들은 아마도 필요한 것일 수 있다. 왜냐하면 실리콘밸리에서 만들어진 상품, 그리고 마법이 이루어지는 곳은, 사실 볼만한 것이 아니기 때문이다. 그러나 그럼에도 불구하고, 투자자들이나 기자들 그리고 대중은 입을 벌리고 바라볼 뭔가를 필요로 한다. 사회는 중퇴자들에게 매료된다. 왜냐하면 대부분의 사람들은 당연히 중퇴하지 않기 때문이다. 중퇴자들에 대한 맹목적 숭배는 기자들이나 대중들에게 상당히 무작위적이고, 자주 예언적이며, 일관성 있는 이야기 만들기에 눈을 돌리게 만든다. 그러나 신기하게도 그것은 기술산업의 어떤 주인공들에게도 동일하게 작용하는 것으로 보인다. 독립을 이상적인 것으로 삼지만(사실 모든 산업이 다 그렇지만) 현재 잘 자리 잡은 기성 파이프라인에 의존하는 산업이라면, 그들 자신이 어떻게 보여질 지 요구받는 것과 진짜 그들의 모습 사이에 있는 무시 못할 인지부조화가 반드시 있게 마련이다. 기술산업 주인공들은, 그들이 실제로 규칙을 준수했던 일들에 대해서는 위험을 감수했던 사건들로 표현하도록 유도되고, 그들이 실제로 넓게 통용되는 상식적인 지혜를 공유한 부분에 대해서는 그들의 별난 행동으로서 소개하는 것으로, 그리고 누구나 기본적으로 피할 수 없었던 일에 대해서는 그들이 믿을 수 없는 곤경을 겪은 후에 늦게 얻은 승리로 표현하도록 격려받는다.

이런 맥락에서 실리콘밸리 창업자들의 대학 중퇴는 빛나는 것으로 과장되고, 사람들의 주의를 다른 데로 돌리게 만드는 것이 오늘날의 현실이다. 창업자들은 자신들이 직접 자기들의 중퇴 얘기를 꺼내기보다는 다른 사람들에게 의존하는데, 다른 사람이 언제나 그 일을 충실히 수행한다. 여러분은 기사거리에 목말라 절박한 기자들이 생물학적 다양성 가운데 소수인 상위 중산층의 젊은 백인들에 사로잡혀 그들에 관해 '뭔가'를 말하는 것을 들을 수 있었을 것이다. 그들의 얘기에는, 어떤 종류의 건너뛰기도 천재성의 징후로 바뀐다. 엘리자베스 홈즈가 〈포춘〉지의 표지를 장식했을 때, 그녀의 프로필은 대학 1학년생임에도 불구하고 많은 부분이 박사과정의 실험실 학생들이나 알 수 있는 사실들에 관해 언급한 것으로 이루어졌다.(여러분은 박사과정 학생들 없는 실험실이 얼마나 많이 있다고 알고 있나? 박사과정을 전부 폐쇄해도 되나?) 고등학교 시절에 코딩을 독학한 것을 기사화하는 것은 기본이다. 홈즈의 중국어 지식에 대한 기사는(그녀는 중국어를 썸머스쿨에서 수강했을 뿐이다.) 그것이 어떻게 해서든 반드시 상징적이고 재미있는 것이 되어야만 한다는 기분으로 내어 놓은 또 다른 세부적

〈포춘〉지의 표지를 장식한 엘리자베스 홈즈

인 예다. 홈즈의 짧은 대학생활은 극히 평범한 것이며, 다른 사람이 이것과 똑같은 방법으로 경험할 수 없는 그녀만의 대학생활이다. 어쨌든 이렇게 갑자기 성공의 정점에 오른 젊은이들에 대한 이야기는 사람들로 하여금 그들의 신상자료에 시선을 고정시키게 하지만, 돌이켜 보면 별로 특별할 것 없는 일이다.

엘리트 교육을 받기 시작하고서 곧바로 허세를 부리며 그것을 거부한 사람들이 대개는 자신들이 결국 샌프란시스코 배이에리어에 와 있는 사실을 발견하는 것이 우연이 아닐 수 있다. 배이에리어는 '중퇴'라는 말이, 서로 관련이 있으면서도 전혀 다른 것을 함축한 어떤 이루어지지 않는 약속들을 전하는 역사적 울림이 있는 곳이다. "켜라, 주파수를 맞춰라, 중퇴하라."는 티모시 리어리(Timothy Leary, 1920~1996)가 1967년 골든 게

이트 공원의 휴먼 비-인이라는 행사에
서 말한 유명한 만트라(역주: 휴먼 비-인
Human Be-In 행사는 1967년 1월 14일 샌프
란시스코 골든 게이트 공원에서 이루어졌다.
이 행사는 1960년대의 반체제문화의 주된 아
이디어에 초점을 맞추었다. 개인적 권한 부

티모시 리어리

여, 문화적 정치적 분산화, 환경에 대한 각성, 높은 의식(LSD 같은 정신
과적 약물의 도움으로), 사회 통념상 불법인 정신과적 약물 사용 허용,
그리고 급진적 신좌파 정치의식 등과 같은 이념들에 그 초점이 맞추어
졌다. 히피운동은 샌프란시스코 주립 대학교, 시립 대학, 그리고 버클
리 대학에서 불만을 가진 학생들과 비트세대의 시인들, 재즈 정통파들
을 중심으로 발전되었는데 이들은 직관에서 나온 자발성으로 중산층의
도덕성을 거부하는 것을 모색했다.)이다. 이 같은 중퇴의 감성을 마
음에 간직하는 것은 우리가 기술산업의 유명한 대학 중퇴자들의
신화를 이야기할 때에 가치가 있다.

　오늘날의 중퇴자들처럼 리어리도 중퇴하는 일을 자주 신화 만
들기와 연관시켰다. "중퇴하기 위해서는 여러분은 여러분만의
종교를 만들어야 합니다. 앨런 긴스버그Allen Ginsberg(역주: 미국
의 시인이자 작가, 1926~1997. 1940년대 그가 콜럼비아 대학교 학생
시절에 윌리엄 버로우와 잭 케루악과 친교를 시작하여 비트세대를 형
성했다. 그는 군국주의, 경제적 물질주의, 그리고 성적 억압에 격렬하게

"켜라, 주파수를 맞춰라, 중퇴하라."

– 티모시 리어리

반대했고, 마약, 섹스, 다문화, 동양의 종교들에 대한 열린 마음 그리고 관료제에 대한 적대감 등 여러 가지 형태로 나타난 반체제문화를 구현했다.)는 여기에 덧붙여서 "그럼요, 여러분만의 종교는 원래부터 존재하는 에너지와 접촉하게 해줄 겁니다. 밤 하늘에 빛나는 별들의 발전기에서 나오는 태고의 에너지와 연결될 겁니다."라고 말했다. 리어리는 "그러나 어느 정도까지는 여러분이 그 연결점을 고안하도록 되어 있습니다. 여러분이 태고로부터 내려온 성스러운 과정의 일부라는 점을 상기시키기 위해서 신화를 선택하는 것입니다. 여러분이 가짜 받침대로 지어진 좁은 스튜디오의 유폐에서 벗어날 때(중퇴할 때) 여러분 자신을 인도해 주기 위해 신화를 선택하는 것입니다."라고 말했다. 리어리나 긴스버그의 이야기에서 신화 선택은 핵심적 아이디어이다. 여러분이 중퇴할 때에는 어느 정도까지는 통제를 포기하지만, 여러분에게 어떤 것이 일어난다는 것을 뜻하는 것에 대한 통제는 유지하는 것이다. 중퇴는 즉시 자기 자신 안으로 돌아가는 것이며 세상으로의 열림이다,라고 말하는 것이다.

1927년에 출판된 헤르만 헤세(Herman Hesse, 1877~1962)의 소설《황야의 늑대》가 비트족의 패션으로 돌아왔다. 색소폰 연주자 파블로(역주: 소설《황야의 늑대》의 등장인물)가 주인공 해리 할러를 마음이 열리는 마법의 극장으로 유인하며 "오직 당신 자신 안에 있는" 다른 세상의 존재에 대해서 말한다. 파블로는 해리에

헤르만 헤세와 《황야의 늑대》 표지

게 자신을 들여다볼 수 있는 거울을 건넨다. 해리는 거울을 통해 자학으로 불편해진, 마음속으로 고통을 겪고 속을 끓이고 있는 자기 자신, 해리 할러의 투영을 본다. 그리고 자신의 내면에 있는 황야의 늑대를 본다. 수줍고 아름답고 놀란 눈을 가진 눈부신 늑대, 그러나 지금 분노와 슬픔에 쌓인 늑대, 그 자신을. "중퇴는 여러분을 TV 스튜디오 무대에서 로봇처럼 공연하는 대신, 여러분의 내면에 있는 황야의 늑대를 만날 수 있게 인도합니다."라고 리어리가 말했다.

올더스 헉슬리Aldous Huxley(1894~1963)는 산(역주: 酸, acid, LSD의 은어)은 우리 마음의 정상작동을 넘어서는 영역인 대척점(對蹠點)에 연결시켜준다고 생각했다. 그러나《황야의 늑대》의 주인공 해리 할러의 경우에서 자기만의 개성으로 후퇴한다는 의미는, 외부의 힘, 사회적 기대, 그리고 무엇보다도 교육기관에 의해서 구축되었거나 변형된 부분의 자아를 내던진다는 것을 뜻한다. 헤세는 학창시절을 불행하게 보냈다. 그리고 1950년대와 60년대에 잭 케루악Jack Kerouac(역주: 미국의 소설가, 비트세대의 선구자)에서부터 켄 케시Ken Kesey(역주: 소설《뻐꾸기 둥지 위로 날아간 새》의 저자)까지 많은 반체제 사상가들이 헤세를 재발견했다. 그들도 헤세와 마찬가지로 정규학교 교육이 강요하는 사고와 생활에 대한 규약을 싫어했다. 이런 제도는 1962년에 출판된 소설 《뻐꾸기 둥지 위로 날아간 새》의 등장인물인 칩 브롬덴이 단순하게 부른 "정말로 힘센 전국적인 콤바인(연합)"이다.(역주: 소설 속에서 인디언인 아버지와 백인 어머니 사이에 태어난 그는 아버지가 미국정부 그리고 백인인 아내한테서 굴욕을 겪어 온 것을 알게 된다. 그후 조현병 판정을 받고 입원하는데, 이 소설의 내레이터이다. 그는 그가 콤바인이라고 부른 기계장치에 의해 사회가 조정당한다고 믿는다.) 비록 리어리가 가진 중퇴의 감성이 명시적으로 학교에 대한 것은 아니었다고 해도, 그 일치가 우연은 아니다.

중퇴의 중심 이념은 여러분만의 특정한 자아로 웅크리는 것이고, 여러분이 실제로 보다 넓은, 보다 세계적인 의식에 주파수를 맞추는 것이다. 이것이 반체제문화가, 위에서 살펴본 여러 책들에서 가지고 온, 자기 안으로 좀 더 후퇴하는 저항이다. 콤바인을 거부하고, 인습적인 권위를 거부하는 것이 여러분을 브롬덴처럼 미쳐버리게 하지 않을 것이며, 해리 할러가 했던 방식으로 여러분을 고립시키지 않을 것이며,《뻐꾸기 둥지 위로 날아간 새》의 주인공 맥머피가 했던 방식대로 파멸하지 않을 것이다. 그대신 마법에서 풀려난 비슷한 처지의 다른 사람들과 접촉할 수 있게 할 것이다. 사실 그런 거부 자체가 여러분에게 우리의 인습적인 생각과 도덕이 우리의 시야를 가렸던 맹점으로부터 빠져 나와 자유롭게 세상을 볼 수 있게 한다.

1961년에 출간된 로버트 하인라인Robert Heinlein의 소설《낯선 땅 이방인》속에서, 화성인들이 이름 붙인 '공감(grokking)'이라는 말은 개인과 집단을 동시에 이해하는 방식인데, 우리가 집단 경험 안에서 합병, 혼합, 타 종족과 결혼, 정체성 상실을 하도록 말을 듣는다는 것을 의미한다. 그 말은 종교, 철학, 그리고 과학에 의해서 의미가 주어진 거의 모든 것들이 우리에게 의미가 없고, 그리고 하인라인이 덧붙인 대로 "장님에게 색깔이 의미 없는 것처럼", 지구에 고착된 인간에게는 그 말이 의미가 없다는 것이다. 여러분이 '공감'을 갖기 위해서는 여러분 외의 다른 사람들이 그 '공감'을 갖지 않아야만 하는 것이 이 '공감'의 일부이기도 하다. '공감'이라는 말은 빠르게 반체제운동의 용어가 되었다. 이 말은 스티브 잡스가 일찍이 영감을 얻었다는 1971년에 출간된 램 다스Ram Dass의《지금 이 자리에 있으라》에서도 나타나고, 톰 울프Tom Wolfe가 직접 체험한 것을 쓴 60년대의 반체제운동에 관한, 1968년에 출간된 그의 논픽션《일렉트릭 쿨-에이드 산 테스트》(역주: 원제 The Electric Kool-Aid Acid Test: 뉴저널리즘 문체의 전형으로 유명해진 책이다. 저자 울프는 켄 케시를 비롯하여 '즐거운 장난꾸러기'라고 불려진 패거리들과 함께 요란스럽게 채색된 버스를 타고 미국 횡단 여행을 하며 산(酸) 테스트(역자주: 환각제 LCD와 가루 형태의 음료인 쿨 에이드를 섞은 것을 먹으며 하는 파티)를 체험한 내용을 담은 논픽션)에서도 '공감(grokking)'이라는 말을 썼다. 비록 울프가 잘못 사용하기는 했지만 말이다. 하지만 얼마 지나지 않아서 이 말은 컴퓨터문화에서 전문용어가 되었다.

여러분이 중퇴할 때 정확하게 무엇을 초월하느냐에 관해서 이 책들은 심각한 불일치를 보이고 있다. 그 불일치들 가운데 보다 명백한, 그래서 덜 주목받는 것이 있는데 그것은 여러분이 언제 초월하느냐에 대한 불일치이다. 《황야의 늑대》에서 비록 해리 할러의 나이가 언급되지는 않았어도 그는 확실히 중년이다. 그는 그가 거부한 사회에서 잘 자리 잡은 사람이다. 1962년 간행된 올더스 헉슬리의《섬》에서 윌 파나비는 유토피아적인 폴리네시안 사회를 발견하는데, 그는 회사생활에 환멸을 느낀 중간관리자이다. 케루악이 젊은 작가로서 그 진가를 발휘하는 동안, 1957년 발간된 그의 소설《길 위에서》의 주인공 샐 패러다이스는 이혼의 상처를 극복하기 위해 장거리 자동차 여행을 시작한다.

1960년대의 반체제문화는 이 주인공들의 적절한 나이를 현격하게 낮춘다. 환멸을 키우기 위해서 굳이 직장생활, 가정생활, 성인으로서의 생활을 경험할 필요가 있는 것은 아니었다. 환멸은 기계와 마주치기 전에도 일어날 수 있는 것이었다. 그런데 기술산업에서는 꼭 이 말이 맞았던 것은 아니었다. 터너가 "인공지능 반체제문화"의 사도라고 불렀던, USCO(역주: 1960년대에 거드 스턴, 마이클 캐러헌 그리고 스티브 더키 등에 의해서 설립된 미디어 예술 집단. USCO라는 이름은 Us Company의 머리글자를 따서 만들었다.)에서 일한 예술인들과 이론가들은 1960년대 말에 30대였다. 그들의 우상, 마셜 맥루헌과 벅민스터 풀러Buckminster Fuller 등은 더 나이가 많았다. 이것이 의미하는 것은 리어리가 휴먼 비-인에서 연설했을 때가 마흔여섯 살이었고, 케시가 처음 '산 테스트'를 했을 때가 서른 살이었던 것처럼 그들은 그들이 저항했던 세상의 물정에 밝은 사람들이었다는 점이다. 이와는 대조적으로 대학 중퇴자의 평균 나이는 의미심장하게 젊고, 그들의 비전 추구의 이유는 사뭇 달랐다. 나이가 젊다는 것은 그들의 비전을 무시해서가 아니고 비전과 반대되는 그들의 사회감각이 발전된 것 같지 않다는 것을 말하자는 것이다.

중퇴, 엘리트 계층으로 뛰어 오르려는 속물적 반(反) 엘리트주의

스탠포드 대학교 교수들은 학생들이 어떤 규칙을 가지고 중퇴하는 것으로 본다. 심지어 스탠포드의 전 총장은 중퇴한 학생들을 위해, 그들이 스타트업한 두어 개의 벤처기업에 투자하여 뜻있는 사람들의 눈총을 받기도 했다. 이러한 행위는 일종의 영리목적 틸 펠로우십이라고 할 만하다. 사람들은 학생들이 중퇴할 때 룰렛 테이블 위에 거액을 베팅하는 사람에 대하여 말하듯 소리를 죽여 소근거리는 것이다. 이 학생들은 분명코 특별한, '정말로' 그네들의 미래를 걸만한 그 뭔가가 있을 것이다. 여기서 여러분은 신화가 중요하다는 점을 감 잡았으리라고 본다. 중퇴함으로써, 긴급하고, 위험하고, 자유낙하의 감을 만들어 내지 않고서 스타트업을 시작하겠다는 아이디어는 투자자나 기자들의 흥미를 끌 수 없는 것처럼 보이기 때문이다.

나는 학생들의 개인 신상이 드러나지 않도록 주의하면서, 위기감을 나타내는 분위기가 지나치게 과장되었다는 점을 지적하겠다. 마크 주커버그는 "페이스북이 잘 되지 않았었더라도 괜찮았을 것이다."라는 느낌을 갖고 있었다고 수긍했다. 하지만 내 경험으로는, 스탠포드를 중퇴한 후 창업했다가 파산했거나 또는 파산하지 않은 친구들 중에 다시 돈을 많이 벌었다거나, 아니면 학교로 다시 돌아와 학위를 마치겠다고 희망하는 사람들을 본적이 거의 없다. 그들은 다시 뒤로 기어가지 않는다. 중퇴하는 것은 분명 미성숙한 상태로 스탠포드를 떠나 마운틴 뷰(역주: 실리콘밸리에 있는 도시)와 레드우드 시(역주: 북부 샌프란시스코 베이에리어 부근 도시)의 인큐베이터로 가는 여정 같은 것이다. 그러므로 중퇴는 아마도 궁극적인 해외연수 학기 경험 쯤으로 생각하는 게 더 나은 것 같다. 여러분이 대학을 떠날 때 진짜로 대학을 떠나는가?

1960년대의 반권위주의운동의 반향으로서의 저항은, 대학생활의 중퇴에서는 찾아보기 힘들다. 특히 사회적 측면에 대해서라면 더 그렇다. 주커버그는 하버드를 중퇴하고 재빨리 팔로 앨토의 남학생 클럽하우스 느낌이 나는 곳으로 이주했다. 샌프란시스코 알라모 광장 공원 근처에 있는 몇 개의 거대한 빅토리아풍의 건물에서 여러분이 여태까지 봤던 어떤 것보다 환상적인 히피 공동체와, 여러분이 상상할 수 있는 최고의 기숙사가 결합된 형태를 닮은 작업 공동체를 발견할 수 있다. 주커버그가 현재 그런 것처럼, 이곳의 주민들도 대학 다닐 나이는 아니라는 사실임에도 불구하고 말이다.

그리고, 주커버그의 벤처 창업의 경우에서처럼 많은 스타트업 사업모델이 대학생활 경험에서 나온 부분을 보다 넓은 문화로 옮겨온 것이 많다. 페이스북도 대학생들이 오랫동안 당연한 것으로 여겨오던 온라인 상의 서비스로서, 학생들이 데이트할 때나, 판단할 때, 또는 스토킹을 할 때 의존했던 서비스들로, 사실상 현재의 '페이스북'의 소문자 형태 정도는 될만한 그들만의 문화방식이었다. 이제는 모든 사람들이 페이스북에 접속하여 재미에 빠진다. 기술산업 스타트업들이 부딪치는 유명한 과제는 그들 가운데 90퍼센트는 질문에 답하는 것에 목표를 둔다는 점이다. "엄마가 나를 위해 더 이상 뭔가를 해줄 수 없다면 나는 어쩌지?" 이 물음은 아마도 이렇게 해석되어야 할 것이다. "내가 지금 더 이상 밥집이나, 세탁 서비스, 즉석 만남 사이트나, 학생명부에 접속할 수 없다면 지금 나는 어쩌지?" 결국 이러한 사소한 남학생 동아리클럽 파티가 첨단산업의 불쏘시개가 된 셈이다. 대학에 등을 돌리고 나온 중퇴자들은 바깥 세상을 좀 더 대학의 학문의 환경처럼 보고 또 처신하는 것처럼 보인다.

물론 이것은 극단적인 예이다. 하지만 그들은 기술산업 전체의 풍조를 만들었다. 기술산업분야는 일찍 직업화되면서도 덜 직업화된다. 기술산업 종사자는 정기적으로 급료도 가져가고 그들의 친구들보다 먼저 인생에서 뭐를 해야 할 지 안다. 하지만 스니커즈(역주: 초콜렛 바)와 소이렌트(역주: Soyrent, 대체식품의 상품명)로 오랜 동안 연명해야 한다. 그들은 미성숙한 채로 스스로의 방향을 정하고 동시에 그들 연령대의 어떤 누구보다도 훨씬 더 오래 대학생활과 유사한 어린애 취급당하는 길을 걸어야 한다.

스탠포드에서 기술산업 종사자가 되기를 열망하는 여러 세대들을 가르쳐온 에릭 로버츠 교수는 덜 열성적인 학생들 중 어떤 학생들은 돈 때문에 기술산업을 선택하는 것이 아니고 학교 캠퍼스 근처에 남기를 원해서 선택하는 것을 보아왔다고 한다. "단지 기술산업에서 일자리를 얻는 데에 유리한 영향을 끼치기 위해서 샌터 클라라 카운티(역주: 샌프란시스코 베이에리어에서 가장 유명한 카운티)에 머물기를 원한다."고 그는 지적한다.

이 모든 것이 대학을 중퇴하고 기술산업에서 일하는 방법에 관해 정의하는 것으로 보인다. 위험 감수의 제스처는 실상 대부분 위험이 빠져나간 것에 관한 것이다. 저항의 제스처는 아마도 저항하려고 했던 대상 속에 갇혀 버린 것처럼 보인다.

아직도 중퇴는 어떤 엘리트 계층에 대한 저항으로 이해된다. 그러나 그것은 그들을 또 하나의 엘리트 계층으로 빠르게 진입할 수 있는 지점으로 안내하는 반(反) 엘리트주의이다. 충분히 주파수를 맞춘 엘리트 계층, 거주하기에 행복한 광장이 있는 세계를 간파하는 엘리트 계층 말이다. 이것은 리어리와 리어리의 동세대 집단에게 옳았던 것만큼 주커버그와 그의 동세대 집단에게도 옳은 것이다. 중퇴가 보다 넓은 세상으로 자신들을 여는 것처럼 느끼게 하지만 대부분의 경우는 새로운 방법으로 자신으로부터 세상과 담을 쌓는 것이다. 이것은 어떤 담론을 형성시켜

왔다. 도널드 트럼프가 어떤 방식으로 '여러분이 한 포기의 상추를 사기 위해서는 사진이 있는 신분증이 필요하다'는 것을 확신하면서 반 엘리트주의에 영향력을 행사했는지 보라.

기술산업과 보편성 사이에는 필경 어떤 고통스러운 관계가 형성되었다고 본다. 기술산업 거인들은 '모든 사람들'을 위해 일을 성사시키기를 원한다. 그러나 여기서 '모든 사람들'은 '나를 좋아하는 사람'을 뜻한다. 승차공유 서비스업체 리프트(Lyft)가 개인 차량을 대신하여 미리 정해진 루트를 밴으로 주행하는 '리프트 셔틀'이라는 새로운 서비스를 발표했을 때, 한 트위터 사용자가 비웃었던 유명한 말은 "그것은 버스다. 당신들은 버스를 발명했다."였다. 그러나 그것은 반만 얘기한 것이다. 리프트는 오직 스마트폰을 소유한 사람들만을 위한 버스를 발명한 것이다. 요령을 아는 사람만을 위한 것이고, 그 앱에 신용카드를 붙여야만 이용할 수 있는 것이다. 여러분은 대학을 중퇴할 수 있고 기숙사를 떠날 수 있다. 그럼에도 불구하고 기숙사생활은 여러분이 분투하는 내내 여러분의 뇌리에서 떠나지 않고 출몰할 것이다.

그리고 마지막으로, 반 엘리트주의 엘리트가 상관습을 형성하기도 했다. 이런 맥락에서, 중퇴에 관한 리어리의 표현에 사실상 영감을 주었다고 인정받는 또 다른 중심적 사상가로 부상한 사람이 있다. 여러분이 얻고자 하는 영감을 줄 것 같지 않은 사람으로 보이는 마셜 맥루헌이 바로 그 사람이다. 그는 토론토에서 온 문학교수인데 일요만화에 대한 독설을 가지고 일리어드에 대한 반향들을 혼합할 것이다.

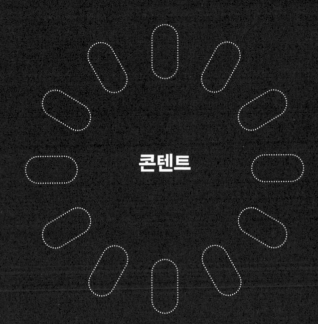

콘텐트

우디 앨런Woody Allen의 영화 〈애니 홀〉에서 앨런과 다이앤 키튼이 영화관에서 줄을 서고 있는 장면이 있는데, 그들 뒤에 은발의 한 학구적인 사람이 펠리니Fellini(역주: 이탈리아 영화감독, 작가), 버그맨Bergman(역주: 미국의 영화감독) 그리고 마셜 맥루헌에 대해서 지껄인다. 이 소리를 듣고 앨런은 격분한다. 그리고 제4의 벽(역주: 제4의 벽은 무대공연에서 배우와 관객들 사이에 보이지 않는 벽으로 나누어져 있다는 상상을 바탕으로 한 관행적 약속, 관객들은 배우를 볼 수 있으나 배우는 관객들이 보이지 않는 것으로 설정)을 넘어가서 관객들에게 호소한다. 그 학구적인 사람은 곧 앨런의 존재를 알아차리고 반박한다. 자기는 콜럼비아 대학에서 학생들을 가르치고 있는데, 맥루헌에 대한 자기의 통찰은 "많은 타당성이 있다."는 것을 확신한다고 말한다.

여러분들이 일이 더 이상 우스꽝스럽게 될 수 없겠다고 생각할 무렵, 앨런은 한 입석 관객 뒤에서 실제 맥루헌을 데리고 나온다. 맥루헌은 그 학구적인 사람에게 "선생님은 제 일에 대해서 전혀 모르고 계십니다."고 말하고는 매우 엉뚱한 구절을 덧붙인다. "제 모든 오류가 틀렸다는 말씀이군요?"

매체가 메시지다

이 장면은 맥루헌의 이론을 꽤나 산뜻하게 요약한 것이다. 맥루헌은 "매체가 메시지다."라는 주장으로 유명하다. 여기서 그가 주장한 뜻은 라디오, TV 또는 전화를 통해 무엇을 말하느냐는 사실보다, 라디오, TV 또는 전화로써 전달하는 방법이 더 중요

영화 〈애니 홀〉에서 우디 앨런과 다이앤 키튼이 줄 서고 있는 장면

하다는 것이다. 앨런은 필름은 상호적인 매체라는 사실을 암시한다. 라디오 방송에서처럼 우리가 멀리 떨어진 공동체로서 청취하는 것이 아니고, 대신 영상의 경우에서는 우리가 직접 눈으로 보는 목격자라는 것이다. 맥루헌의 주장에 의지하기 전에, 이영화 속에서 앨런의 배역은, 앨런의 뒤에 있던 학구적인 사람이제4의 벽 너머에 있는 영화관객인 우리의 뉘앙스라는 점을 말하고 있다.

〈애니 홀〉의 그 장면은 맥루헌의 이론이 1960년대와 70년대에얼마나 쉽게 일상에서 접할 수 있었는지를 단적으로 보여준다. 물론 여러분이 오스카 상을 탄 영화제작자가 아니라면 난데없이진짜 맥루헌을 끌고 들어올 수는 없을 것이다. 하지만 그의 이론은 쉽게 불러낼 수 있는 것이다. 맥루헌의 이론에 대하여 오늘날의 비전문가가 1960년대와 70년대의 비전문가보다 덜 친숙하다고 말해도 좋을 것이다. 그리고 〈애니 홀〉에 나오는 그 학구적인신사처럼 많은 사람이 맥루헌의 이론에 대해서 실제로 잘 이해하지 못하면서도 그의 이론을 들먹인다고 말해도 좋을 것이다. 그리고 실제 맥루헌이 말하는 그 영화 장면에서 줄을 서고 있는사람들을 감안하면, 우리, 관객들도 그를 오해하고 있다는 두려움을 갖게 된다.

그렇다면 그의 모든 오류가 틀렸다는 것일까? 어느 면에서는 그렇지 않다. 왜냐하면 실제로 맥루헌의 이론을 이해하는 것보다, 맥루헌 자신을 끌어오는 것을 아는 것이 아마도 그의 이론에 대한 좋은 논증이 될 것이기 때문이다. 이것은 왜 앨런이 그의 최종 버전의 각본과 영화의 마지막 컷에 맥루헌의 그 엉뚱한 구절을 넣었는지에 대한 이유이기도 할 것이다. 여기서 그 장면의 중요한 초점은 앨런이 입석 관객 뒤에서 실제 맥루헌을 데리고 나와서 그 논쟁을 직접 해결하도록 했다는 데에 있지, 이 결론이 날 수 없는 논쟁에서 맥루헌이 실제로 무슨 얘기를 했는가가 중요한 것은 아니다. 그리고 이런 것들이 1960년대에는 이미 참이었다.(역주: 1964년에 출간된 맥루헌의《매체의 이해(Understanding Media)》(1964)에서 주장한 "매체가 메시지다."라는 논리가 1960년대에 이미 유명한 논리로 인정되어 널리 퍼졌다는 얘기) 맥루헌을 소환하는 것은, 여러분이 스위치를 켜고 주파수를 맞추고 발산하는 것을 보여주는 방법이었기 때문이다. 아니면, 여러분이 무슨 일이 벌어지고 있는지 파악한 것을 보여주기 위해 사용되기를 원하는, 어떤 다른 매체의 은유이다. 여러분이 뭔가를 얻었는데 여러분이 그게 무엇이었는지 정확하게 얘기할 수 없었다면, 그것을 설명하는 것은 실제 여러분이 얻은 것보다 덜 중요한 것이다.(역주: 맥루헌의 가장 널리 알려진 작품,《매체의 이해》에서 그는 "매체(media)가 메시지다."라고 요약하며, 매체가 전달하는 내용보다 매체 그 자체가 연구의 초점이 되어야 한다고 주장했다. 맥루헌의 통찰은 하나의 매체가 어떤 사회에 미치는 영향은 그 매체가 전달하는 콘텐트(내용)의 역할에 의해서라기 보다는 매체 자체의 특질에 의해서 이루어진다고 시사했다. 맥루헌은 전구를 예로 들어 이 개념을 설명했다. 전구는 신문 기사나 TV 프로그램에서처럼 콘텐트는 없지만 사회에 영향을 주는 매체라는 것인데, 즉, 어둠에 둘러싸일 수밖에 없는 야간에 사람들에게 공간을 창출해 줄 수 있다는 논리이다. 맥루헌은 전구가 그 자체의 출현으로 하나의 환경을 창출한다고 했다. 같은 이유로 TV 출현 그 자체가 사회에 커다란 영향을 주며, TV를 통해 방영되는 콘텐트는 거의 영향력이 없다고 주장했다. 맥루헌은 모든 매체는 그것을 보는 사람에게 고유한 다른 특질을 부여한다고 했다. 예를 들면 책 속의 한 문장은 독자에게 맘대로 다시 읽을 수 있게 하지만, 영화는 어떤 특정한 부분을 연구하려면 그 영화 전체를 다시 상영해야만 한다는 것이다. 이 책의 저자 애드리언 도브는 이러한 맥루헌의 이론을 바탕으로 우디 앨런이 그의 영화에서 맥루헌을 등장시킨 것이 맥루헌 이론을 단적으로 표현한 것으로 보았다. 즉, 우디 앨런의 영화 〈애니홀〉에서 우디 앨런이 마셜 맥루헌을 직접 출현시켜 끌어낸 장면은 맥루헌 이론을 설명한 것보다 더 중요하고 의미 있다고 해석한 것이다.)

매체는 인간관계의 폭이나 형태를 능동적으로 조정한다

매체가 메시지가 될 수 있는 중심적인 방법은, 우리가 매체를 가지고 무엇을 할 것인가? 그리고 우리가 매체에 대해 어떻게 행동할 것인가? 하는 물음과 함께 이루어져야 한다. 우리 인간이 독자가 되고, 청취자가 되고, 청중의 한 일원이 되는 것은 맨 먼저 인간의 구성방식을 형성한다.(역주: 우리가 어떤 특정한 매체, 예를 들면 신문, 영화처럼 수동적인 매체를 사용하면 그 매체와 수동적으로 작용하고, 스마트폰처럼 능동적인 매체를 사용하면 그 매체와 능동적으로 상호작용한다는 가설) 매체는 인간관계의 폭이나 형태를 능동적으로 만들고 조정한다. 그리고 우리 시대에 맥루헌은 전자매체는 궁극적으로 부족의 북소리가 들리는, 완전히 상호 의존적인, 그리고 서로 얽힌 공존의 장소, 작은 세계를 창조할 것이라고 생각했다. 그리고 그는 자신의 생각이 두렵지 않은 것처럼 보였다.

1960년대의 다른 사상가들은 TV는 다른 매체, 말하자면 영화나 라디오와는 다른 방식으로 청중들에게 메시지를 전달한다고 인지했다. 맥루헌이 만든 이론의 특별한 점은 그가 그것이 좋은 것인지 혹은 나쁜 것인지 애써 묻지 않았다는 점이다. 매체는 항상 변한다. 그리고 우리도 매체와 함께 변한다. 그런데 어떤 형태의 매체는 우리를 형편없는 독자, 청취자 또는 시청자로 만든다고 생각하게 하는 자연스러운 유혹이 있다. 하지만 이런 종류의 가치판단은 매체가 무슨 일을 하는지 파악하는 것을 어렵게 만든다. 문학교수로서 나는, 예를 들면, 킨들(역주: 아마존에서 설계한 전자책 e-books)을 통해서 책을 읽는 것이 종이로 된 책을 읽는 것보다 왜 나쁜지 설명하려는 많은 사람들과 교감하고 있다. 아마 그 말이 맞을 지도 모른다. 그러나 나는 이런 널리 퍼진 의견은, 대개 전자책 또는 종이책을 읽는 데에만 국한된 상당히 왜곡된 희화적 묘사에 바탕을 둔(그래서 결국 왜곡시키는) 의견이라는 것을 알아냈다.

여러분이 1964년에 출간된, 맥루헌을 누구나 아는 이름으로 만들어준 책,《매체의 이해》를 읽으면 사람들이 맥루헌의 특정용어보다 일반적인 용어에 반응하게 되는 것이 별로 놀랄 만한 일이 아니라는 것을 알게 된다. 왜냐하면 특정용어는 낯설기 때문이다. 맥루헌은 깊게 공부한 사람이었다. 그리고 그는 그것을 과시하기로 마음먹었다. 수없이 많은 암시, 주제에서 벗어난 기묘

마셜 맥루헌과 《매체의 이해》 표지

한 얘기, 설명하려고 제시한 것으로 보이나 설명되지 않는 예들이 그렇게 말하는 이유이다. 교실에서 우스갯소리 하기를 좋아하는 어떤 교수에게도 맥루헌의 책은 고통스럽다. 그의 농담들이 지나치게 심오해서가 아니라 독자들과 공동전선을 펴기 위해 상냥함과 겸손함을 잘못 쓴 예가 너무 많기 때문이다. 맥루헌의 책들은 지나치게 전문적으로 껍질을 벗겨내는 일들과, 맥루헌 자신도 충분히 이해하지 못한 부분 사이를 끊임없이 달리고 있다.

동시에 맥루헌은 함축적인 슬로건의 장인이었다. 여러분은 아마도 "인간은, 말하자면, 기계의 세계에서 생식기가 되었다."라는 말을 정확하게 이해하지 못할 것이다. 그렇지만 여러분은 그것이 기억할만한 문구라고 받아들여야만 한다. 그는 "세계 마을, the global village" 그리고 오늘날 인터넷을 통해서 정보를 검색한다는 의미의 "서핑, surfing"이라는 용어들을 만들었는데, 서핑이라는 말은 검색할 인터넷 웹이 없었던 시절에 만들어졌다는 것을 감안하면 더욱 더 인상적이다. 그 자신은 시대정신을 검색한 사람인데 이 점이 대단하다. 그는 1930년대에 전통적인 문학비평을 공부하고 토론토 대학교에서 스타가 될 때까지 이십여 년을 가르쳤다. 학자가 아닌 일반 독자들에게도 알려지게 된 그의 책들이 나오기 시작한 것은 그가 이미 오십대에 접어들었을 때였다. 어쨌든 그는 하나의 매체문화가 다른 매체문화로 변환되는 것에 한동안 흥미를 가졌다. 무엇보다 구전문화에서 문자

문화로의 변천, 또는 인쇄문화의 출현에 관심을 가졌다. 그는 육십대에 들어서 그가 살고 있던 세대와 앞으로 다가올 세대의 매체문화 변천에 대해서 생각하기 시작했다.

소셜미디어 거품과 밈의 시대를 예언한
맥루헌의 소름 끼치는 선견지명

인류의 역사에 비추어 생각해 보면, 변화는 인류가 그들의 세상을 변형시키면서 초래된 것이라고 생각할 수도 있다. 그러나 맥루헌은 사실은 매체가 바뀌게 되면서 인류가 바뀌게 된 게 역사라고 제안했다.(왜냐하면 맥루헌이 의미하는 기록이란 그가 말한 "인간은, 말하자면, 기계의 세계에서 생식기가 되었다."라는 지점에 있기 때문이다.) 소통의 변혁은 우리의 생각하는 방법을 변화시켰고, 우리가 서로 관계를 맺는 방법을 바꿨고, 우리 자신을 이해하는 바로 그 방법을 변화시켰다.

맥루헌은 새로 글을 깨우친 기독교도들이 자기들 고유의 언어로 인쇄된 성경을 탐독하고, 성경이 말한 대로 전쟁을 일으킨 것에 대해서 사유했다. 그는 독일 사람들이 히틀러의 목소리를 라디오를 통해서 들었던 것에 대해서 생각했다. 그렇지만 그는 새롭게 만들어질 세계에 대해서도 고찰했다. 텔레비전과 전자매체에 의해서 '하나의 세계'로 만들어질 세상에 대해서 생각했다. 그는 "세상의 모든 사람들은 전기매체가 만드는 상호 인생에 대한 간섭에 의해 창조되는 가장 가까운 거리에서 살 수밖에 없다."라고 선언했는데 그것은 오늘날 우리의 일상의 한 부분이 된 올바른 지적이다. 동시에 맥루헌은 "전기는 우리를 통합시키지 않고 분산시킨다."라고 생각했다. 그는 우리가 같이 공유하는 거리, 극장 그리고 공공의 광장으로, 즉 거기에서 우리는 한 무리가 되어 통일된 경험을 갖게 하는 곳으로 이끌어내는 신문이나 영화와는 달리, 전자매체는 비슷한 경험을 주기는 하되 우리들 자신, 우리가 선택한 부족에 의한 것으로 한정될 거라고 예측했다.

소셜미디어 거품과 밈(역주: memes, 모방을 통한 문화 구성 요소)의 시대에 맥루헌을 읽으면 소름 끼치는 선견지명을 느낄 수 있다. 그러나 오늘날 그의 글을 훑어보면, 그가 참고했던 문헌들인, 마가렛 미드Margaret Mead, 칼 융Carl Jung, 아놀드 토인비Arnald Toynbee는 맥루헌의 시대를 느끼게 한다. 《매체의 이해》는 20세기 중반의 현대 작품이다. 그러나 맥루헌의 존재가 실리콘밸리에서 중요한 이유는, 그가 임스 안락의자(Eames chairs)와 샤그 카페트(역주: shag carpet, 1950~60년대에 유행한 털이 북실한 카페트) 분위기를 풍기는 데에 있는 것이 아니라 오십대 중반 무렵의 문학교수의 두툼한 셰익스피어 인용이 그의 나이의 절반 정도인 반체제문화의 최신 유행을 쫓는 사람들에게 울림이 된 데

소셜미디어 거품과 밈의 시대에
맥루헌을 읽으면 소름 끼치는
선견지명을 느낄 수 있다.

있다.(역주: 저자는 맥루헌의 권위적인 면이 1960년대 반체제문화세대에 중요한 의미를 갖는 것이 아니고, 그가 《매체의 이해》가 출간된 당시 50대 중반을 넘은 나이인데도 그의 나이보다 절반은 어린 반체제문화세대에게 어필할 수 있었던 그의 이론의 접근성이 탁월한 점에 주목한다는 것을 표현하고 있다.) 그들의 기준에서 보더라도 맥루헌 이론의 수용은 직관적이지 않았다. 반체제문화의 대체적인 이미지는 다분히 기술공포증적인 것이었다. 대중매체, 특히 텔레비전은 사람들을 바보로 만들고 순응하게 하는 도구라고 매도되었다. 말할 것도 없이 맥루헌의 사상과 스타일의 어떤 것들이 주목받게 되었다. 맥루헌은 야성적이며 전기 친화적인 사상가였고, 그의 책들은 전통적인 논문이라기 보다는 그의 에세이와 생각들을 묶은 것들이었다. 그러기에 거기에는 어떤 격식이 있었다. 그러나 히피들 역시, 그리고 어떤 특정 히피들은 단순히 그가 말하려고 했던 것으로 보였던 것을 좋아했다.

프레드 터너가 지적했듯이 《매체의 이해》는, 신기술을 행사하는 정부와 기관의 활동가들만큼은 아니더라도, 신기술을 불신하지 않았던 반체제문화의 일원들에게는 대단한 자원이었다. 매체는 널리 스며들어 피할 수 없는 것이지만 '세계 마을'을 점점 분산시킨다고 맥루헌은 설파했다. 길게 봐서 매체의 효과는 나중에 정부로서도 통제가 거의 불가능한 것이 된다고 했다. 이 점은 반체제문화 입장에서는 더할 수 없는 뉴스였다. 매체가 결국은 인간의 의식과 진정한 자아감마저 변형시킬 것이라는 경고는 60년대의 반체제를 지향하는 사람들에게는 경고로 들리지 않았다. 어찌됐든 그들은 이미 의식이나 자아감을 변형시키기를 원했기 때문이었다. 그들은 단순히 콘텐트를 통한 의식의 변혁은 결국 실패할 수밖에 없다는 징표로서, 점증적으로 세기 중반의 진보자유주의의 실패를 경험했기 때문이다. 사람들에게 좋은 정보를 주기 위해 신문을 이용해보라. 그렇다고 해도 사람들은 신문에 실린 정보에 따라 행동하지는 않을 것이다. 그러나 기술을 바꾸면 여러분은 사회를 바꿀 수 있다.

실리콘밸리의 보이지 않는 다른 선지자들처럼 맥루헌은 기술 산업에서 중요한 아이콘이 되었다. 왜냐하면 그는 독자들이 일상의 현실 밑에 깔린 비밀스런 구조를 발견할 수 있게 했기 때문이다. 그리고 그는 우리가 사는 일상의 세계를 진짜로 어떤 일이 벌어지고 있는지 알아차리는 사람들이 있는 세계와, 그렇지 못하는 사람들이 있는 세계로 나눌 수 있게 만들었기 때문이다. 수수께끼 같은, 가끔은 혼란스러운 주장이 담긴 구절들은 지적(知的)인 것이라기 보다는 아마도 우아한 어떤 징후 같은 것인데, 그것들은 약점이기 보다는 강점으로 나타났다. 맥루헌의 사상이 시사하는 것은 대다수의 사람들은 매체를, 그리고 사실은 세상을, 깊게 착각하고 바라본다는 것이다. 《매체의 이해》를 읽어 보라. 그러면 여러분은 불가사의한 엘리트 지식에 관여하게 될 것이다.

플랫폼 창조가 콘텐트를 만드는 일에 우선한다

그렇다면 맥루헌의 매체이론의 정확히 어떤 점이 심원한 것인가? 맥루헌은 책이나 TV의 콘텐트에 주목하여 초점을 맞춘 분석가들을 얼간이들이라고 간주했다. 매체에 나타난 뭔가를 말하려고 하는 것은 "도둑이 육즙 있는 부분의 고기를 가져가려고 감시인의 마음을 딴 데로 돌리려고 하는 것"과 같다고 했다. 진짜 연구 대상은 매체 그 자체였다. 하지만 그 결과, 당연히 매우 필요한 것인데, 우리가 매체를 이해하는 방식을 조정해야 했고, 기술산업 담론에 생소한 새로운 서열이 잠입하게 되었다. 맥루헌의 매체에 대한 가치판단 서술이 정말 자유로운 것이 인상적이다. 그가 콘텐트로부터 벗어나는 틀을 만든 어조가 매우 도덕적인 것은 기이하기까지 하다. 매체는 그것을 소유한 사람을 위한 것이다. 콘텐트는 바보들이나, 순진해 빠진 사람들, 순한 양들을 위한 것이라고 한다.

맥루헌은, 예를 들면, "보통의 그런" 과학기술은 좋지도 않고 나쁘지도 않지만, 그것을 사용하는 방식에 따라 좋을 수도 나쁠 수도 있다고 말하는 상식적인 가설을 '몽유병'으로 풍자했다. 그리고 그는 그의 선견지명으로 "나는 개인적으로 광고에 주목하지 않아."라고 말하는 사람들을 조롱했다. 그가 이런 태도를 취한 것의 어떤 부분은 문학교수로서, 그의 직업의 뿌리깊은 습관의 전형을 잊기 위한 힘든 노력 때문인 것일 지도 모른다. 또 한 이유는 충격을 주고 싶은 욕망 때문이었을 수도 있다. 그러나 그 이유가 무엇이든, 맥루헌에게 콘텐트는 단적으로 매체가 하고 있는 것과 동등하지 않는 것이었다. 콘텐트는 쓸데 없는 것이며 혼란을 주는 것이었다.

이렇게 콘텐트를 무시하는 이론은 기술산업이 지향해야 할 기풍을 정하는 것이 되었다. 실리콘밸리의 플랫폼 업체들이 콘텐트에 의존하여 발명을 계속하기는 하지만, 콘텐트는 이상하게도 두 번째라는 생각이 깊게 배어들어 있다. 그리고 이런 가치판단의 경계는 맥루헌이 이 문제의 틀을 만든 방법과 놀랄 만큼 유사하다. 콘텐트를 만드는 것은 혼란스럽게 된다. 플랫폼을 창조하는 것이 실체의 진정한 구조에 초점을 맞추는 것이다. 매체를 형성하는 것이 매체에 실리는 콘텐트를 만드는 것보다 낫다. 콘텐트를 만드는 사람이 억만장자가 된다. 콘텐트를 만드는 사람은 옐프(역주: 샌프란시스코에 본사를 둔 미국 회사. 기업체에 대한 대중들의 리뷰를 온라인을 통해서 출판)에 리뷰를 올리거나, 아마존에 자비 출판한 책을 올리거나, 잠 못 자며 자기 차로 우버를 통해 운전하거나 하는, 번드르르하지만 의미 없는 것에 마음을 뺏긴 순진한 촌뜨기라는 생각이다.

기술결정론의 그늘

매체가 문화를 규정한다는 맥루헌의 이론은, 그의 연구 과제가 수십 년간 철저히 비관적인 것으로 특징지어진 후 널리 알려지게 되었다. 맥루헌의 초기 연구는 현대생활에 대한 완전한 역겨움과 대중매체에 대한 불쾌감으로 일관된 것이었다. 그러나 그가 새로운 매체에 대한 선지자로 거듭난 후에도 그가 전부터 가졌던 비관적 경향은 버리지 않았다. 그가 끔찍한 불안의 수렁에 빠진 2차대전 후의 문화를 비관적으로 본 것은 옳았다. 하지만 새로운 매체 덕택에 이제 문화는 그런 불안을 뒤로 하게 되었다. 이러한 믿음 속에 그의 이론은 실리콘밸리에서 유용하게 되었다. 새로운 매체의 도래를 설파한 60년대 맥루헌의 고전적 연구들은 종말론적이지만 동시에 기대감을 주는 것처럼 보여졌다. 왜 아니겠는가? 그는 계속해서 매디슨 애비뉴(역주: 뉴욕 시에 있는 거리 이름인데 미국의 광고 산업의 대명사로 쓰임), 연재 만화, 그리고 할리우드 영화들에 의해 싸구려로 팔리는 획일적 동종성을 싫어 했다. 그러면서, 현대성은 끔찍하지만, 그는 바뀌진 매체의 풍경이 결국 그 모든 것들을 부숴버리고 그 후 새로운 부족의 세계가 도래하게 되면 훨씬 좋아질 거라는 희망을 갖게 되었다.

맥루헌이 만든 이런 생각하는 방식은 반체제문화에 매력적으로 다가갔다. 그리고 또한 기술산업이 반체제문화적 요소를 점점 상실했음에도 불구하고 맥루헌의 이론이 기술산업의 성향과 맞는 것으로 확신하게 되었다. 결국 기술산업 역시 이상한 낙관적 비관주의를 갖게 되었다. 기술산업회사들이 거창한 발표를 할 때 그들은 모두 미래에 대한 꿈꾸는 듯한 표정을 짓게 된다. 그러나 그들이 발표한 내용의 요점을 보면, 기술산업이 앞으로 어떻게 돌아갈 지에 대한 탁견을 갖고 있지 않다. 정보광고 제작자들처럼, 기술산업회사들은 도처에 문제가 있다고 보는데 매우 능숙하다. 옛날 방식으로 X를 실행하는 것은 많은 문제를 수반하기 십상이다. 그래서 결국 제품 Y가 그 문제들을 해결할 수 있다는 식이다. 현재와 현격하게 다른 과거의 향수에 빠져 현재를 깎아내리는 보수적인 사람들이 있는 곳에서, 기술산업은 코앞에 임박한 믿을 수 없을 만큼의 달콤한 미래와 비교하여 현재의 결함을 발견한다. 이런 책략은 순전히 맥루헌적이다.

기술산업이 이미 형성된, 제도적 지식의 채택을 모색하면 할수록, 맥루헌은 왜 기성세력들이 가치가 절하된 것이고 보존할 가치가 없는지에 대한 느낌을 더 많이 제공했다. 맥루헌은 기술산업에게 역사적 필연성에 대한 이야기를 제공했는데, 그 필연성이란 그들이 자기들의 발명품의 결과에 대하여 이제 무효화를 요청할 수 있는 기술결정론에 근거를 두고 있다. 만약 그것이 어쩔 수 없이 발생될 운명이라면, 그것이 정말 그들의 잘못인가? 오래 전부터 대대로 구전되어 내려온 것을 글로 적는 일이든지,

아니면 인쇄가 보급되어 많은 독자들에게 도달하고 독자들을 만들어내고 그들을 지탱하게 된 일들에는, 지니 요정이 한번 병 밖으로 나와 떠나가 버리고 난 뒤에는 지니가 다시 병 속으로 들어가는 것을 바라는 것이 의미가 없다는 생각이 존재한다.

  매체에 관한 한, 그런 불가피한 진보가 타당하고 심지어 매력적이기까지 하는 동안, 기업순환의 변화에 대해서 맥루헌이 제시한 예는 놀랄 만큼 많다. 한 집단 또는 다른 집단이 기술의 변화에 의해서 실직된다. 맥루헌은 이런 사태에 대하여 완전히 무관심한 것처럼 보인다. 그런데 공평하게 말하면 그가 왜 관심을 가져야만 하겠는가? 그는 매체이론가이지 경제학자가 아니다. 그러나 오늘날 기술산업회사들이 개혁이라는 이름으로 많은 생계수단과 직업들을 태연하게 파괴해 버리는 풍조를 보면 매체의 변혁이 가져온 종말적 변화를 환영하는 맥루헌의 태도를 수용하기가 쉽지 않다. 우리 같은 현대 독자들에게는, 구전문화나 또는 육필원고 해설 같은 것들은 멸종된 도도새처럼 사멸되어야 마땅하다는 생각이 자명하다. 맥루헌이 제시한 많은 예들의 문제점은, 그 예들이 옮겨진 산업들이나 행위들에서, 무엇이 진보와 노후연금으로 간주되며, 어떤 것이 필요한 발전이며, 그리고 무엇이 자기 이익만 챙기는 냉소적인 현금 챙기기인지, 그 명징성이 확실하지 않다는 점에 있다. 달리 얘기하자면, 그의 서술이 지나치게 매끄럽고 평온하다는 것이 문제가 되는 것이다.

기술산업 안에서, 이 같은 일은 기술이 모습을 드러낸 공동체에게 냉혹함으로 이어졌다. 이것은 더 이상 이익이 나지 않을 때 기업이 사용자 기반분야를 내버리는 것이 놀랍다는 것을 말하려는 게 아니다. 그보다는 플랫폼 업체에서 일하는 상위계층의 사람들의 눈이나, 그 회사를 떠맡는 매체의 입장에서는 플랫폼에서 일어난 문제들이 플랫폼 자체에는 얼마나 하찮은 것으로 간주되는가가 놀랄 만하다는 것이다. 이것은 텀블러(역주: Tumblr, 미국의 마이크로블로깅, 즉 짤막한 메시지나 영상 등을 인터넷에 정기적으로 올리는 활동과 소셜 네트워킹 웹사이트)가 그동안 주로 외설물에 대한 것을 취급했는데도, 어떻게 외설물 사업에서 손 떼려고 결정할 수 있었는지를 말해준다. 이 결정은 회사의 핵심을 다치지 않았다. 하지만 텀블러가 어떤 회사라는 것을 만들어 준 사람들, 즉 사진작가들, 화가들, 슬래시픽 작가들,(역주: Slash fic, 팬픽션, 즉 기존의 소설에서 나오는 인물을 바탕으로 팬들이 쓰는 소설의 한 장르인데 주로 가상의 동성 인물들의 로맨스나 성관계를 묘사) 포르노 만화가, 그리고 성 매매 종사자들로서 그동안 플랫폼을 이용하여 관객들과 안전하게 연결되었던 사람들을 다치게 했다. 이 같이 플랫폼이 플랫폼의 콘텐트를 도외시한 일은, 콘텐트를 만든 사람들을 두 번 해치는 것이 되었다. 텀블러가 콘텐트를 만드는 사람들에게 안식처로서 작용하고 있는 동안에도, 콘텐트를 만든 사람들은 자기들의 창작물로써, 사이트를 만들어 운영해온 사람들만큼 돈을 거의 벌지 못했다. 그리고 텀블러가 콘텐트를

텀블러 홈페이지

만들던 사람들의 안식처로 남아 있는 것이 정치적으로 어렵게 되자 콘텐트를 만들던 사람들은 뒷전으로 밀려났고, 생계를 잃게 되었고, 어떤 경우에는 일 자체를 잃게 되었다.

만화가, 성 매매 종사자, 엄마 블로거, 도서비평가들에게는 확실한 성별 차원의 분업화가 존재한다. 옐프의 프로그래머들은 남성들이 지배적이다. 옐프의 논평가들은 거의 여성들이다. 그리고 적어도 이 회사의 초창기 시절에 가장 활동적이고 '중요한' 평자들에 관해서라면 그 말이 더욱 더 맞다. 초기에 온천 체험이라든지, 피부관리 행사 같은, 평자들에게 주어진 보상을 보더라도 이 회사가 이런 성별 차원의 분업에 대해서 인지하고 있었고, 또 그것을 염두에 두었다는 것을 알 수 있다. 남자들은 구조를 만들고 여자들은 그 구조를 채운다. 사용자가 콘텐트를 제공하지 않으면 옐프 같은 리뷰 포털사이트는 크게 의미가 없다. 그럼에도 불구하고 사용자들은 보상받지 못하거나, 받는다 해도 스티커나 돈이 안 되는 특전 뿐이다. 즉 그들의 노동은 게임화(역주: gamified, 얘기나 영화 같은 창작품의 일부를 비디오 게임에 적용)되어 특별한 지위를 얻거나 도서 갤러리로 보내진다. 문제는 콘텐트를 제공하는 행위가 무시되거나 보상받지 못하는 데에 있는 것이 아니고, 그 행위가 노동이라고 인식되지 않고 있다는 데에 있다. 그것은 없어서는 안 되는 것으로 칭송되고, 시민참여의 형태인 점에 갈채를 받는다. 그러나 보상받지는 못한다.

플랫폼과 사용자의 역학 구조

회사, 기술, 상표(brand)는 플랫폼에 관한 것이다. 콘텐트는 부수적인 것이다. 콘텐트 말고 다른 것 때문에 플랫폼에 접속하는 사람들이 거의 없는데도 말이다. 온라인 플랫폼 사용자가 그들 자신이 실제 플랫폼의 근로자라고 자리매김하는 것은 거의 돈키호테 같은 자세라고 비춰졌다. 타시니 외 다수 대 에이오엘(역주: AOL, 뉴욕에 있는 웹 포털) 외 다수 재판에서, 한 블로거가 지금은 없어진 허핑턴 포스트 블로그 플랫폼을 상대로 체불금 반환청구소송을 했다. 2013년에는 캘리포니아 중앙지역 법원에 팬저(역주: 기갑부대를 뜻함) 대 옐프라고 불린 집단소송이 제기되었다. 옐프의 엘리트 군단이라고 불리는 많은 논평가들이 자기들은 옐

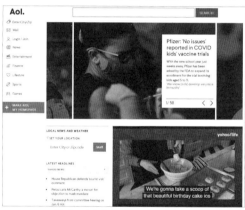

옐프(yelp) / 에이오엘(AOL) 포털사이트

프의 고객이라기 보다는 근로자라며 임금을 청구했다. 이 모든 청구는 결국 기각되었다. 소송을 제기한 사람들은 재판이 진행되는 동안 기술산업의 언론들로부터 경박하며 웃기는 사람들이라고 엄청나게 조롱당했다.

법적 기준에서 이런 평결은 놀라운 것은 아니다. 그러나 스탠 포드 대학의 연구자 버틀러 월Butler-Wall은 이번 사건들 주변 담론들의 언어가 과장되었다고 분석하고, 이번 사건들에 관한 기사들은 기술산업에서 '진짜' 노동으로 간주되는 것에 대하여 많은 것을 시사하고 있다는 점을 발견했다. 왜냐하면, 물론 전통적인 감각으로는 이 사람들이 근로자가 아닌 것이 확실하지만, 이번 소송에 대한 기사는 더 멀리 들어갔는데, 즉 그들이 한 것은 진짜 노동은 아니었지만 다른 쪽으로는 보다 골치 아픈 명제를 암시하고 있기 때문이다. 그리고 무엇이 노동이고 무엇은 노동이 아니냐를 결정하는 문제는 미국의 오래된 수치스러운 역사이다.

'보수(報酬)의 노출'에 관해 자유롭게 쓰도록 격려받았던 그 어떤 작가도 그 보수 노출이라는 말이 같은 스펙트럼 위에 있지 않다는 것을 인지하게 될 것이다. 그리고 우리 사회에서 정서적 노동, 서비스 노동, 그리고 돌봄 서비스에 대해서 습관적으로 보수가 지급되지 않는 것에 대해서 아무도 생각하지 않고 있고, 그리고 무엇보다 옐프나 에이오엘이 거기에 글을 올리는 작가들이 하는 일을 습관적으로 보수가 지급되지 않는 노동 쪽으로 밀어붙이는 것에 대해서 아무도 인지하지 못하고 있다. 옐프나 에이오엘은 "어떤 온순한 성품이 이런 착한 영혼들을 움직여 글을 쓰게 하는지, 어떤 엉뚱한 생각이 레스토랑 리뷰를 공짜로 올리게 만드는지 누가 알겠는가? 이렇게 하는 것은 그들의 직업이 아니다. 그것은 그들의 취미일 뿐이고 시간을 쏟는 뭔가이다. 그들은 열정적이고, 다른 사람들을 도와주는 자발적인 도우미들이다."라고 말한다. 이런 류의 변명은 모두 대본이다. 달리 말하면 가사노동, 특히 여성 노동에서 발전된 대본이다. 엄마로서의 존재가 왜 진짜 일이 아닌가를 설명하고, 여자들을 고용하는 것이, 또는 진급시키는 일이, 보수를 주는 일이, 보수를 많이 주는 일이, 왜 가치 없는 일인지를 설명한다. 옐프의 리뷰어들은(다시 얘기하겠는데 이들은 거의 여자들이다) 서비스 제공자를(여성이 지배하는 경제분야) 리뷰하는데, 이 서비스 제공자는 대개 반은 여자들로 구성된 사용자 베이스이다. 그런데 결국 여기에서 돈을 버는 사람들은 모두 남자들이다.

물론 콘텐트에 돈을 지불하는 사이트가 거의 없다는 사실 뒤에는 경제적인 이유가 있다. 여러분이 여러분의 신규업체가 차기 '유니콘'이 될 것이라고 벤처캐피털 금융에 호소할 때에는, 백만 명의 힘든 일을 하는 똘마니들 각자에게 보수를 지급해야 하는 것보다 소규모의 똑똑한 프로그래머에게 보수를 지급하는 것이 유리하다. 이것은 파이 한 조각을 달라고 할 때도 그럴싸한 얘기 아닌가. 그러나 이것은 자금 조달할 때의 변수만은 아니다. 실리콘밸리에서는 플랫폼이 최고라고 진정으로 믿고 있다. 사용자는 역할이 있다. 하지만 그 역할은 어떤 플랫폼에 이끌리는가를 고르는 일에 관한 것뿐이다.

그러나 여러분이 운이 좋게도 기술산업으로부터 급료를 받는다 해도 플랫폼에 직접 연관된 일은 여러분을 기술산업 근로자로서 간주하는 데에 영향을 준다. 샌프란시스코 베이에리어 사람들은 부유한 페이스북이나 구글의 종사자들이 렌트카를 타고 다니고 값비싼 토스트를 먹는다고 불평하는 것을 좋아한다. 그러나 페이스북이나 구글은 수천 명의 카페테리어 직원, 보조 직원, 안전 요원, 행정 보조 직원 등을 고용한다. 페이스북의 경우는 발레파킹 요원까지도 고용한다. 페이스북이나 구글은 비정규직 사원들, 계약자들, 그리고 소위 '초록-배지'(회사마다 색깔 구성이 다르다)라고 불리는 사람들을 고용하는데, 이 사람들은 회사에서 일하거나 제품에 관한 일을 하지만 정규직 배지 직원들이 누리는 특전으로부터 교묘한 방법으로 차단당한다.

기술산업에 대한 불평들은 대다수의 사람들이 간접적으로 고용되어 일하는 문제를 놓친다. 왜 이 사람들이 간접 고용되었다고 말하는가? 이 사람들은 플랫폼과 연관되지 않기 때문이다. 이들은 다른 사람들이 만들어내고 공유하는 매개변수 아니면 시장 그 자체를 설정하지 않기 때문이다. 이 사람들을 종업원으로 포함시키지 않는 것은 실제로 상식적이지 않다. 사람들이 자동차 산업이나 은행의 크기에 대해서 말할 때, 예를 들면 쉐비 타호(역

주: GM에서 만든 대형 SUV 차량)에 쓰이는 절연재 고무를 만드는 사람들에게 식사 서비스를 하는 사람들도 회사의 인력에 포함시킨다. '기술산업의 종사자'가 되는 일은 좀 더 독점적이다. 왜냐하면 플랫폼 자체와 플랫폼에 관련된 일을 하는 것이, 고객과의 관계, 또는 콘텐츠 조정, 또는 단순히 종업원들을 행복하게 하는 일보다 중추적이고, 보다 실제적이기 때문이다.

플랫폼이 사용자 콘텐츠의 법적 책임에서 자유로운 현실

　2018년이 끝나갈 무렵에, 샌프란시스코 인터스테이트(역주: 주와 주 사이를 잇는 고속도로) 80번 도로에 새로운 광고판이 등장했다. 스노우플래익이라고 부르는 회사가 세운 광고판에는,(트위터에 나타난 이 회사 이력은 클라우드(역주: 인터넷 상의 데이터와 소프트웨어에 접속할 수 있는 환경)에 제공되는 데이터 창고라고 되어 있다. 나는 그것이 뭘 뜻하는 것인지 모르겠고 그것을 알려고 하지 않겠다.) "2019년의 지배자가 되세요."라는 권면(勸勉)의 문구가 있고, 그 밑에 "2019년의 데이터를 움켜쥐세요."라고 쓰였다. 이 광고 문구는 무엇을 참고했는지 명백하다. 도널드 트럼프가 "여자들의 푸시(역주: pussy, 여성의 성기를 말하는 속어)를 움켜쥐세요."라고 지껄인 저질의 음담이 담긴 '액세스 할리우드' 테이프(역주: 2005년도에 도널드 트럼프가 미국의 주간 텔레비전 연예 뉴스 프로그램, '할리우드에 접속, Acess Hollywod' 진행자 빌리 부쉬와 사적으로 나눈 여성에 대한 비속한 말이 녹취된 편집되지 않은 테이프가 미국 대선 전에 〈워싱턴포스트〉에 의해 폭로되어 물의를 일으켰던 사건)이다. 사람들은 이것이 성폭력을 사소한 것으로 만들었는지에 대해서 온라인 상에서 논쟁했다. 그러나 광고판에 적힌 서투른 농담에 의해 범해진 보다 큰 프로이트적 실언(역주: Freudian slip, 무의식적으로 본심을 드러낸 실언)은 많은 사람들이 알아채지 못했다. 이상하고 악의적인 등식들이 이런 농담 위에 만들어지고 있다. 회사를 경영하는 것은 성범죄자가 되는 것과 유사하다는 생각이 있다. 데이터는 – 저항도 해보고, 조잘대기도 하지만 궁극적으로는 순응하는 – 붙잡아야 하는 여성자원인데 남성의 힘에 의해 양보되어 만들어지는 것이라는 생각도 존재한다.

데이터를 수집하고, 그것을 폐기하고, 자신을 데이터의 '지배자'로 만드는 것은 널리 알려진 데이터 침해의 끊임없는 폭격인데, 이건 아마도 앞에서 말한 생각의 하향효과일 것이다. 플랫폼 회사들은 인터넷이나 클라우드에 있는 우리의 데이터에 관한 것이라면 거의 신경 쓰지 않고, 그것을 돌보는 윤리의식을 가지고 있지 않다. 플랫폼 회사들이 데이터를 축적하고 그것에서 철수하면서 악의적인 해커가 노출된 데이터를 가지고 협박하기 전까지는, 자기들은 데이터에 대해 아무런 책임이 없는 것처럼 행동한다. 달리 말하면, 성 관련 이미지가 깊숙이 자리 잡은 스노우플

래익 회사의 광고와 이런 행태가 별반 다르지 않다고 보여진다. 플랫폼 회사들은 여러분들이 '움켜잡은' 데이터에 대해 관리할 의사도 없고 그것에 대한 책임의식도 없다. 플랫폼 회사들은 사람들이 온라인 상에 있는 데이터에 접속하여 고의로 하던지 혹은 자기도 모르게 퍼담아 생성해 내는 것들에 대해서 냉담한 거리를 유지하고 있다.

동시에 콘텐트에서 철수하는 일은 여러분에게 책임이 한정되는 것이다. 법적으로나 도덕적으로나 콘텐트는 위험부담이 있는 반면에 플랫폼에는 없다. 기술산업은 그들이 온라인 상에 올린 것에 한해서는 매우 제한적인 법적 노출을 가지는 것으로 유명하고, 그들이 다른 사람들을 시켜서 온라인에 올린 것에 대해서는 관대하다. 1996년에 공표된 통신품위법 230조항에서는, 대화형 컴퓨터 제공자 또는 사용자는 다른 형태의 콘텐트 제공자에 의해 제공되는 어떤 정보의 발행인 또는 사용자처럼 간주되지 않는다,라고 규정되어 있다. 다른 말로 하면, 플랫폼은 출판물 발행인과 다르다는 것이다. 발행인은 출판물의 편집에 대한 책임을 진다. 하지만 플랫폼은 이에 비해 훨씬 더 낮은 등급의 책임만 진다.

〈워싱턴 포스트〉가 여러분이 올린 글이 문제의 소지가 있을 때에 책임지는 것과 달리, 워드프레스(역주: 무료 공개출처 콘텐츠

관리 시스템, 처음에는 블로그 출판 시스템으로 출발했으나 그 후 다른 웹사이트 콘텐츠 형태인 전통적인 우편 리스트, 포럼, 미디어 갤러리, 회원 사이트, 온라인 상점 등에 관한 것도 지원하는 쪽으로 진화됨)는 여러분이 올린 블로그에 책임이 없다. 플랫폼 업체는 올림피아의 신처럼 당당한 입장에서 콘텐츠를 삭제할 수 있는, 중립성을 지키는 법적 권리가 있다고 주장한다. 하지만 실제로 그 권리를 행사하지는 않는다. 사적인 모드의 유튜브에 들어가 봐라. 그러면 알고리즘이 여러분에게 추천하는 것을 보게 될 것이다. 거기에는 백인 우월주의자들의 동영상, 지구가 평평하다는 음모 동영상, 지구 온난화설이 날조된 것이라고 길길이 호통치는 동영상 등을 볼 수 있다. 입법자들 그리고 변호사들뿐만 아니라 유튜브 사용자들도, 유튜브가 유튜브 영상에 대해서 해야 하는 일이, 전통적인 매체 회사들이 그들의 콘텐트에 해야만 하는 일보다 훨씬 적다고 확신하고 있다.

그리하여, 이상한 방법으로, 실리콘밸리는 맥루헌으로부터 정확하게 배우고 싶은 교훈만 배운 것처럼 보인다. 맥루헌은 그의 저서《매체의 이해》에서 매체는 또한 사회적인 메시지라는 말로 시작한다. 그 뜻은 매체가 집단이나 여러 계층의 사람들이 상호 소통하는 방법을 새로 만들고, 그러기에, 우리들의 담론과, 우리들의 정치, 우리들의 사회복지에 엄청난 책임을 떠안게 되었다는 것이다. 실리콘밸리는, 한편으로는, 정보가 정보 그 자체보다

실리콘밸리에서의 정보는,
정보 그 자체보다 우리의 자아감,
우리의 특질에 더 잘 전달되는 방식들에
의해서 이 아이디어를 내면화했다.
문제는 두려운 책임을 지는 것을
매체에게 돌린다는 데 있다.

우리의 자아감, 우리의 특질에 더 잘 전달되는 방식들에 의해서 이 아이디어를 내면화했다. 그러나 다른 한편으로는, 맥루헌이 매체에게 돌린 두려운 책임을 지는 쪽은 닫아 버렸다. 2019년 트위터의 CEO 잭 도시Jack Dorsey는 〈롤링스톤〉지(誌)와의 한 인터뷰에서 그의 플랫폼이 나치를 찬양하는 노래로 가득 차게 된 진짜 이유는 사용자들이 제 할 일을 다하지 않은 탓이라고 설명했다. "사용자들은 문제가 있다는 걸 알아요. 하지만 트위터에서 나치에 대하여 보고하는 일보다 나치에 대한 이야기를 삭제하는 게 쉽거든요."라고 불평했다.

트위터는 타리르 광장에 대하여 책임지는 건 기쁘게 받아들이지만, 나치에 관해서는, 그것은 다른 사람의 문제라고 여기는 것으로 보인다. 플랫폼 회사들이 내놓은 홍보 자료들에는 그들의 플랫폼이 변혁의 잠재력을 가지고 있다고 주장하지만 결국, 기술산업 거인들은 항상 그들의 플랫폼 상의 콘텐트에 대하여, 자기들은 책임이 없다고 지적하며 감옥에 가지 않는 자유에 기뻐하고 있다. 여러분이 알다시피, 실리콘밸리에는 어떤 것도 변혁하지 않는 변혁을 원하는 경향이 있다.

천재성

아인 랜드(역주: Ayn Rand, 1905~1982, 러시아계 미국 작가, 철학자. 러시아에서 태어나고 그곳에서 교육을 받은 후 미국으로 이주했다.)의 철학은 오랜 동안 일종의 청년기 같은 사고와 연합하여 왔다. 뭐랄까, 그냥 청년기가 아니다. 그것은 자기 고집이 강한 청년기 여성의 이념 같은 것으로, 랜드가 미국인의 의식 안에서 거의 80년을 보내는 동안 일정하게 유지된 그 무엇과의 끈끈한 연관성 같은 것이었다. 1962년으로 거슬러 올라가 보면, 켄터키에서 온 영어 교수 로버트 화이트Robert L. White는 그녀를 "우파 최신 정보통"이라고 불렀다. 비록 그녀를 따르던 젊은이들의 모습이 장발의 캠퍼스 반항아들과는 전혀 다르기는 했어도, 그 두 그룹을 본 사람들은 그 두 그룹 사이에 공통점이 있다고 느꼈다. 그리고 오늘날 보다 깊은 철학적 탐구심으로 가득 찬 많은 내 제자들이 자신들의 십대 중반의 짧은 기간 동안 랜드에 심취하여 사로잡혔던 때를 잡아낼 것이다. 역으로, 랜드보다 더 성장하지 못했던 많은 학생들은 어른이 되는 자기운동 에너지가 미성숙했던 것이다.

　이 중 뭔가는 철학 그 자체와 관련이 있다. 랜드의 객관주의는 '현명한 사리 추구' – 이기주의이기 까지 하는 – 라는 전제에서 출발하여 전개된다. 그것은 외부의 영향, 또는 다른 사람들의 판단에 대하여 심히 미심쩍어하는 태도에서부터 출발한 철학이다. 그녀의 소설 속 주인공들은 전통적 구조에 대립하는 젊은이들인데, 자기들은 그 쓸모 없는 구조에서 살아남았다고 느낀다. 반면에 그녀의 소설 속 악당들은 빈번히 전통 구조를 구현하고 대부분 연륜과 경험에서 오는 일종의 권위 같은 것을 가진다. 그녀의 소설들은 뉘앙스를 적대시한다. 인물, 기관, 행동들은 노골적으로 구분된 이쪽 아니면 저쪽으로 쏠린다. 그 한쪽에는 창조자들이 있고 저쪽에는 기생충들이 있다. 독자들이 항상 창조자 쪽 입장에만 있는 게 아니고, 참여 독서의 한 형태로서 자동적으로 창조자들이 지어낸 창작물의 '일부'가 되기도 하는데, 그것은 그녀의 소설적 수사법의 마법의 요소 중 하나이다.

　랜드의 소설들은 문학작품이기 보다는 아마도 어떠한 조약을 연상시킨다는 게 평자들의 일반적인 견해이다. 그녀의 소설이 이기심의 미덕에 관해 페이지마다 장황하게 그녀의 입장을 대변하는 작전을 시도하기에는 구성이 너무 낡았다. 이런 관점은 이 소설들이 오직 소설로써 정말 작용할 수 있을지 모호하게 한다. 그녀의 소설들은 헐렁한 소설의 옷을 입은 선언문들은 아니지만 그 옷을 입지 않으면 작용하지 않는 선언문들이다. 세상에 대한 막연한 소설적 이해가 그녀의 철학의 중심이다. 랜드는 이야기를 통하여 사상을 전개한다. 그리고 랜드는 그녀 자신의 사상을 엮어감으로 해서 실리콘밸리에게 실리콘밸리 자신에 관한 얘기를 말하는 방법을 알려주었다.

랜드는 자기의존적 세계가 쉽고 순수하다는 것을 표현하고 있다. 자기의존의 이해를 바탕으로 한 그녀의 작품은 여러분이 한번쯤 꼭 실현했어야만 했던 철저한 검토에 정말로 맞서는 게 아니다. 여러분도 알겠지만 실은 그 철저한 검토는 자기의존적이다. 랜드는 사회적으로 명백하게 제약되어 있는 것들에 대해서, 그녀에게 일종의 박제(剝製)되었다는 느낌을 주는 세계에 대해서 절대적으로 맞섰다. 그녀는 작동하기 위한 전제조건인 공동체적 구조와 도덕적 뼈대를 무시하면서 자본주의 기업을 찬양했다. 그녀의 소설은 거의 모두 어른들의 일터에 관한 내용들이다. 즉 건축회사와 중역 회의실이 그것인데, 거기에는 일이란 도대체 무엇인가?라는 순수한 미학적 관점이 있는 것처럼 보인다. 1957년에 출간된《아틀라스(Atlas Shrugged)》그리고 1943년

아인 랜드와 《원천》 표지

도 작품《원천(Fountainhead)》에서 자본주의 사회에 대해서 놀이 공원의 유령의 집 버전으로, 화려하고 기묘한 것에 초점을 둔 많은 순간들이 표현되어 있다. 소설 속에서 영향력 있는 건축비평가 엘스워스 투이는 마르크스주의자이면서 독점자본주의자와 한통속이다. 게일 위넌드가 소유한 신문 〈깃발〉에서 칼럼을 쓰는 것에 힘입어(이건 내가 꾸며낸 말이 아니다) 대중들에게 사랑을 받는 인물이다. 거기에 맞는 부분들이 있긴 하지만, 마르크스주의와 독점자본주의는 불가해한 방법으로 잘 들어맞았다. 보르헤스(역주: 호르헤 루이스 보르헤스, Jorge Francisco Isidoro Luis Borges Acevedo, 1899~1986, 아르헨티나 단편작가, 시인, 수필가, 번역가. 보르헤스의 작품들은 철학적 문학과 판타지 장르에 기여했는데 20세기 라틴 아메리카의 매직리얼리즘운동의 시작이라는 평을 받았다. 그는 반공산주의자, 반파시스트로도 유명하다.)가 꿈꿨던 경제 시스템처럼 말이다.

    부모가 강요해서 정한 일을 하는 사람들, 그들은 자기 자신들을 개인주의자라고 잘난체하지만 학교 공부에 전념하는 것은 아직 허락되지 않는 사람들에게, 랜드의 작품이 매력적이라는 것은 놀랍지 않다. 그러나 아인 랜드의 철학이 청소년들에게 중요한 방식으로 울림이 되는 것은 영리한 한 마케팅전략과 연합된 것이라는 사실을 숨겨서는 안 된다. 젊은 사람들이 아인 랜드에 끌리는 것은 아인 랜드가 젊은이들에게 마케팅 되었기 때문이다. 1980년대부터 캘리포니아 어빈에 있는 아인 랜드 연구소에서는 고등학생을 대상으로 아인 랜드 에세이 경연대회가 열리고 있다. 최근에는 대학생도 포함시키는 옵션도 있다. 여러분이 만약 제대로 된 고등학교 교사를 만났더라면 그 경연대회와 마주쳤을 것이다. 600개에서 1,600개의 단어로 된 랜드의 책들 가운데 하나에서 묻는 문제에 답하는 형식인데 최고로 25,000달러까지 상금을 탈 수 있다.(《아틀라스》 범주에서 일등을 하면 그렇다는 얘기인데 이상하게 《찬가》 범주에서는 2,000달러가 최고의 상금이다.) 재미있는 것은 이 경연대회에서 우승한 친구들 가운데에는 컴퓨터 기술광들은 잘 나타나지 않는다. 아마도 그들은 대학을 졸업하는 것과 같은 방법으로 아인 랜드를 졸업하는 게 아닐까 한다. 몇 가지 아이디어를 잡으면 제 갈 길을 가는 방식 말이다.

이 책에서 고찰한 많은 철학들처럼 랜드의 철학은 어떤 특정 시대와 장소에 관한 것이라는 느낌을 주지만, 미국 사회의 어떤 호주머니들 속에 보관되어 왔다. 어쨌든 맥루헌이나 정보이론가 클로드 셰넌Claude Shannon(1916~2001) 또는 경제학자 요셉 슘페터Joseph-Schumpeter(1883~1950)의 사상들과는 달리, 사람들은 랜드의 사상들이 어디서부터 온 것인지 아직도 기억하고 있다. 사실 2016년 미국 공화당이 백인 국가주의라는 점 때문에 랜드주의를 폐기하기 전까지는 랜드의 사상은 20세기에서보다 21세기에서 확실히 더 잘나가고 있었다. 동시에 랜드의 사상이 처음 출현한 곳을 기억하는 것은 가치 있는 것이다.

랜드는 구 소련에서 학업을 마치고 1920년대 중반 미국에 왔다. 그리고 결국 할리우드로 갔는데 그곳 스튜디오 주변에서 몇 가지 다른 일을 하며 영화 각본을 쓰기 시작했다. 그때 처음부터 그녀의 보수주의는 아웃사이더의 보수, 예술가들의 보수였다. 랜드의 소설《원천》에서 주인공 하워드 록이 "세컨드 핸더(second handers)"라고 부르는 것 – 다른 사람들에 의해 주어진 사상이나 특전으로 힘을 갖는 사람들을 의미함 – 에 랜드는 깊은 회의를 품는다. 이 의심은 기득권층으로 인지된 사람들에 대한 그녀의 질투와, 이 질투가 물질적인 재화에 있기보다는 심미적 문제, 즉 취향, 신망, 인정 등에 있다는 사실이 같이 반영되어 있다. 랜드의 첫 번째 소설은 한 여배우에 대한 얘기였는데, 그녀의 생존 시에는 출판되지 않았다. 첫 번째로 출간된 그녀의 책들은 《우리 살아있는 자》(1936)와 《찬가》(1938)인데 전체주의에 대한 얘기이다. 당시 둘 다 큰 성공은 거두지 못했다.

《찬가》같은 소설들은 1940년대와 50년대에 많은 사람들이 읽게 되었다. 이 책들은 20세기 중반 미국 중산층의 체제순응주의에 대한 반감을 나타내고, 또한 반공산주의에도 영향을 주었다. 그리고 이들 두 가지가 합쳐진 직관의 체제순응주의는 왠지 프랭클린 루스벨트 대통령의 뉴딜정책과 연합된 것처럼 보인다. 하지만 래이 브래드버리Ray Bradbury의 《화씨 451도》(1953), 그리고 로버트 하인라인의 《달은 무지비한 밤의 여왕》(1966)에 비하면 랜드의 아나키즘은 침울하다. 결국 그녀에게 전체주의는 이론적인 것이 전혀 아니었다. 전체주의는 그녀의 가족을 쫓아냈고, 그녀가 미숙한 상태에서 더 이상 교육받을 수 없게 만들었다. 소설 《찬가》의 내레이터인 '평등 7-2521'은 자기의 궁금증을 나타내며 얘기를 마친다.

> 어떻게 그것이 가능했을까? 수년에 걸친 그 꼴사나운 변천,
> 오래 전, 사람들이 어디로 가야 하는지도 모르고, 그들의 운
> 명을 향해 맹목적으로, 그리고 비겁하게 계속 갔던 것일까?
> '나'라는 단어를 알았던 사람들이 어떻게 그것을 포기하고
> 무엇을 잃어버렸는지도 몰랐다는 게 나로서는 이해하기 힘

들기에,

나는 궁금하다.

'황야의 시대'로 알려진 1932년과 1968년 사이에 보수주의자
들은 자신들이 미국의 주류와 일반적으로 조화되지 못한 것을
발견했다. 랜드는 집단주의에 대한 공포와 이런 일종의 실패한
보수주의를 결합했는데, 이것은 이 '황야의 시대'에 많은 사람들
에게 공감을 사게 됐다. 그 시기에 보수주의는, 비평가 라이오넬
트릴링Lionel Trilling이 1950년에 썼듯이, "유사한 이념을 찾는 짜
증나는 정신적 제스처"보다도 더 빈약한 이념이었다. 은둔, 우울
증, 고립, 그리고 심한 박해 콤플렉스에 대한 제스처들이 랜드의
소설과 그녀의 공적(公的) 페르소나(역주: persona, 사회생활을 위한
가면 인격) 전반에 나타나고 있다. 혐오와 역겨움이 학교생활에
대한 조롱과 상처받기 쉬운 민감성의 제스처와 혼합된 것이다.

실리콘밸리의 체제순응주의적 단면

실리콘밸리의 젊은이에 대한 집착 성향은 랜드의 이념이 그
환경에서 자라날 수 있도록 하였으나, 그것은 첫눈에 봐도 정략
적으로 불리한 것이었다. 랜드가 실리콘밸리에 고개를 돌릴 때
마다, 그것은 트릴링이 표현했던 말 그대로 "유사한 이념을 찾

랜드는 집단주의에 대한 공포와
일종의 실패한 보수주의를 결합했는데,
이것은 이 '황야의 시대'에
많은 사람들에게
공감을 사게 됐다.

는 짜증나는 정신적 제스처"의 한 이념의 구성요소에 지나지 않았다. 그리고 그 이념은 예상하지 못했던 장소들에서 받아들여졌다. 확실히, 기술산업 안에는 골수 객관주의자들이 있다. 피터 틸도 그 중 한 사람인데, 그는《아틀라스와 실마릴리온》(역주:《반지의 제왕》으로 유명해진 영국 작가 톨킨 J. R. R. Tolkien의 신화 만들기 소설 유고 모음집으로, 그의 사후 그의 아들 크리스토퍼 톨킨에 의해 편집되어 출간됨)이 혼합된 것 위에 성장한 것으로 보인다. 또, 와이 콤비네이터(역주: Y Combinator, 스타트업 회사에 종잣돈 대주는 미국 회사로써 2,000개 이상의 회사를 출범시켰는데 그 중 Stripe, Airbnb, Cruise Automation, DoorDash, Coinbase, Instacart, Dropbox, Twitch, and Reddit 등의 회사들이 있다)를 만들어 명성을 날린 샘 올트먼(역주: Altman, 전 YC의 CEO, 스탠퍼드 대학교 중퇴)이 있다. 또 트래비스 캘러닉(역주: Travis Kalanick, 우버의 공동 창업자이며 레드 스우쉬의 창업자)이 있는데 랜드의 소설《원천》의 표지가 그의 트위터 아바타로 사용되곤 했었다. 애플의 공동 창업자 스티브 워즈니악에 의하면 스티브 잡스가 청년시절에 랜드에게서 영감을 받았다

샘 올트먼

트래비스 캘러닉

고 했다. 그러나 랜드의 이념들은 그보다 더 빈번하게 북부 캘리포니아 토종 의상을 입기 시작했다. 그녀의 이념들은 반체제문화의 아삭아삭한 풍미로 가득했고 팀을 건설하는 일과, 세상을 보다 나은 곳으로 만들자는 것에 대하여 얘기했다.

예를 들면 문제해결 감각이 탁월한 일론 머스크는 다른 사람들과 그가 살고 있는 행성 지구를 향해서 억만장자의 책임감을 말한다. 그런데 머스크의 해결 감각은 또한 정부나 전문가들이나 커다란 연합단체가 어떻게 해결해야 최선인지 알 수 없어 조바심에 빠질 때 항상 활기를 띄게 된다. 태국에서 동굴에 갇힌 아이들을 구출하기 위해, 동굴 다이버들이 과거의 경험을 바탕으로 전략을 세우도록 내버려 두기보다, 머스크는 로봇을 사용하여 잠수부들보다 낫게, 그리고 그 일을 혼자서 다 해결해 버린다. 달리 말하면, 머스크는 불가능한 것처럼 보이는 랜드풍의 자비를 베푸는 요령을 소화해 낸 것이다.

여러분은 어떤 철학이 픽사(역주: Pixar films, 미국 캘리포니아 에머리빌에 있는 컴퓨터 에니메이션 스튜디오. 월트디즈니 회사 소유)의 유명한 에니메이션 〈인크레더블〉, 〈라따뚜이〉, 그리고 〈월-E〉 등에 활기를 주었는지 궁금하게 여긴 적이 없었는가? 어린 대쉬파(인크레더블의 아들)가 들은 말인 "모든 사람은 특별해." 그리고 헛기침하며 "그것은 어떤 사람도 특별하지 않다는 말이야."를 생각해 보라. 이것은 특별한 사람들이 특별하게 되는 일에 관한, 그리고 그들보다 못한 사람들은 그들에게 길을 비켜줘야 하는 것에 대한 사상이다. 〈인크레더블〉에서 불평등은 자연스러운 것이며, 또는 그래야 마땅한 것이고, 그러기에 확인되어야 한다는 것을 통명스럽게 옹호한 점은 감탄스럽다. 픽사 영화들 중 특히 브래드 버드가 감독한 영화들은 랜드가 그녀의 소설 속 악당들을 통해 아래로는 대중들을, 위로는 재계, 학계, 그리고 취향을 선도하는 엘리트들까지도 일거에 선동한 것을 흉내내고 있다.

　그러나 그 메시지는 유에스 101 도로 주변에 펼쳐져 있는 화려한 복합상업지구에서 볼 수 있는, 랜드의 사상이 히피화된 버전을 특성화하는 다른 추적요소와 혼합된 것이다. 랜드의 사상은 〈라따뚜이〉에서 오래된 자기실현의 신화와 혼합된다. 〈라따뚜이〉는 주방장이 되고자 하는 생쥐에 관한 얘기인데, 사실 그 생쥐는 천부적인 요리사 소질이 있다. 하지만 여러분이 알다시피 그는 생쥐이다. 그의 생쥐 전 일족은 쓰레기를 먹어대고, 그는 앤턴 이고라는 이름을 가진 골키퍼 역할을 하는 음식평론가와 부딪히게 된다. 이 영화의 윤리성은 명성을 날리는 주방장 오귀스트 구스토가 주장한 말인 "누구나 요리할 수 있다."로 요약된다. 그리고 주인공 레미는 이 영화 전반에 걸쳐, 그렇게 될 것 같지 않은, 주방장 구스토의 후계자가 될 자격이 있음을 보여주는 데에 온 힘을 다한다. 그러나 이 영화는 반전이 있다. 구스토가 한 말을 꼬집

〈라따뚜이〉 영화속 생쥐, 주방장 캐릭터

어 일부만 사실이라는 것을 보여주는 것! 실제 이 영화가 말하는 것은, 만약 네가 신으로부터 받은 특별한 재능이 있는 쥐라면, 네가 누구라는 것과는 상관없이 너는 천재로서 취급되어야 한다는 것이다. 결국, 음식평론가 이고가 "아무나 위대한 예술가가 될 수는 없다. 그러나 위대한 예술가는 어느 곳에서도 나올 수 있다."라고 한 말이 이 영화의 중심 전제(前提)로 요약되고 있다.

픽사는 되풀이해서 변덕스러운 북부 캘리포니아를 은유하는데에 몰두하지만, 결국 아인 랜드와 흡사한 소리를 낸다. 디즈니 프로덕션이 막대한 예산을 쏟아 부은 〈월-E〉는 소비자본주의를 무자비하게 끌어내린다. 거대한 기업 '바이 앤 라즈'(역주: Buy-n-Large, 에니메이션 영화 〈월-E〉에 처음으로 나오는 가상 거대 기업인데, 미래의 지구의 모든 경제와 정부의 서비스를 통제한다) 덕택에 인류는 게으른 바보 신세가 된다. 영화에서 주인공은 카니발 크루즈

(역주: 플로리다에 본부를 둔 국제 크루즈 선박 회사) 스타일의 우주선 안에서 로봇의 시중을 받으며 재즈가 나오는 의자에 앉아 여행한다. 하지만 여러분은 이 영화가 거대하고 나쁜 회사에 대하여 분노를 나타내지 않는다는 느낌을 받게 될 것이다. 대신 이 영화는 전편에 걸쳐 소비자들이 거대회사에게 세뇌를 허용하는 것에 대하여 풍자하고 있다. 문화비평가이자 블로거인 마크 피셔 Mark Fisher는 이 영화를 "반자본주의 제스처"라고 불렀다. 그리고 실리콘밸리 랜드주의자의 특질을 담고 있다고 평했다. 즉 조종하는 사람보다 조종당하는 사람이 더 역겹다는 논리이다. 이 논리는 피터 틸 같은 기술산업 사업가가 어떻게 일반 상류층과 최상위 상류층에 대해서 동시에 반대의 목소리를 낼 수 있는지 말해준다. 당신이 내가 팔고 있는 물건을 살만큼 멍청하다면 당신은 군말해서는 안 된다는 것이 틸의 생각으로 보인다.

집단적 노동을 개인의 천재성으로 귀결시키는 경향

많은 실리콘밸리 사람들이 2016년 미국 대선에서 버니 샌더즈Bernie Sander's에 올인했으면서도 버몬 주에서 온 이 상원의원을 완전히 잘못 해석했던 것으로 보인다. 여러분은 이들이 파티에서 자칭 버니 형제(자기들이 샌더스의 핵심 지지자라고 조심스럽게 붙인 라벨)라고 하며, 샌더스가 기득권층을 얼마나 흔들어 일깨워서 개혁을 쉽게 만들 것인지에 대해서 말하는 것에 대하여 얘기할 지도 모른다. 그리고 여러분은 미국 자본주의와의 냉랭한 관계에 대해서는 언급하지 않은 한 남자가 말한 것에서, 이들이 도대체 무엇을 들었는지에 관한 의문을 가져야만 할 것이다. 확실히 샌더스는 정부의 혼란을 고려하고 있었다. 그리고 그는 적어도 레드우드 시, 팔로 앨토, 그리고 마운틴 뷰에 살고 있는 그의 지지자들이 놓친 것으로 보이는 어떤 방향 안에 있는 정부의 혼란을 더 생각하고 있었다.

나이 든 사람처럼 보이고 행동하려는 젊은이들과 객관주의자들의 사상이 이상스럽게 결합된 것과는 달리, 실리콘밸리의 이런 히피적 결합들은 전략적이지 않다. 이런 결합들은 아인 랜드의 이념이 반체제문화라는 이름을 통해서 실리콘밸리에 어떻게 도착했는지와 관계가 있다. 랜드는 반체제문화의 젊은 급진주의자에 대해서 그녀의 책들에서 빈번하게 나오는 "야만인들"(이들을 바보 취급하는 랜드의 단골 어투)이라고 표현하며 경멸한 것 외에 한 게 없었다. 반체제문화가 랜드와 접목한 것은 소설가로서 랜드였을 것이다. 정치사상가로서의 랜드는 더욱 마주치기 어려웠을 것이고 또한 더욱 흥미가 없었을 것이다. "서른 살 넘은 사람은 아무도 믿지 말라."고 하는 슬로건을 만든 세대가 랜드의 소설 《아틀라스》를 읽으면, 객관주의 작가 제프 리겐바크Jeff Riggenbach가 지적했듯이, 그들은 그 속에서 그런 편견을 버리게 하는 어떤 것도 발견하지 못할 것이다.

커뮤니케이션 학자 조너던 태플린Jonathan Taplin은 기술산업
이 달콤한 히피들의 반체제문화의 한 프로젝트로 출발하였으나
나중에 히피들만 '자유의지론의 대반란'에 의해 납치되었다고
시사했다. 우리가 반체제문화에 대해서 기억하기 좋아하는(그리
고 아마도 반체제문화의 동시대 사람들은 그렇게 상상하고 싶어 하는)
것은, 시장과 기업에 있는 '나-먼저' 신앙에 확실히 반대했다는
점이다. 하지만 반체제문화 또한 항상 또 다른 측면을 가지고 있
었다. 저널리스트 토마스 프랭크Thomas Frank는 그의 저서《쿨한
것의 정복》(1997)에서, 반체제문화에 대해서 우리가 잘못 알고
갈 수 있는 많은 길들을 요약해 놓았다. 즉, 반체제문화가 진정성
의 시대가 있었고, 그 결과 반체제문화는 정장을 차려 입은 사람
들에 의해서, 문화 산업계에 의해서, 그리고 미국의 경제계에 의
해서 흡수되었다고 간주하는 것들이다. 사실은 반체제문화의 많
은 부분이 큰 기업체에 의존했었다. 반체제문화가 기업들이 만
들어 놓은 네온 신(역주: 물신(物神)을 뜻함)에게 절하고 기도하
는 사람들에게 경고할 수 있었던 것은 확실했지만, 반체제문화
또한 컬럼비아 레코드 회사에 의해서 LP판을 발매함으로써, 그
후 엠바시 픽처(역주: Embassy Pictures Corporation, 미국의 독립영화
제작사로서 〈고질라〉, 〈괴물의 왕〉, 〈졸업자〉, 〈겨울의 사자〉 등을 제작)
에서 요즘 시세로 이천만 달러에 상응하는 영화도 출시함으로

네온 신에 경배한 것이다.

많은 반체제권 사람들 또한 큰 기업을 형성하게 되었다. 특히 캘리포니아에서는 정부에 대한 불신, 코인텔프로(역주: COINTELPRO, 미 연방수사국 FBI에 의해 행해진 정보활동으로, 정치적 불온분자나 그룹을 감시, 침투, 분해시킬 목적으로 반베트남전 조직자, 시민운동가, 흑인 인권운동가, 미국 인디언 독립운동가 등 넓게는 신좌파 운동가들이 그 대상이었다.)와 베트남 전쟁에 대한 역겨움이 정부보다는 기업이 훨씬 자연스럽고, 인간 스스로 자발적으로 조직된 것이고, 그래서 권력남용이나 폭군적 행태가 덜 나타나게 될 것이라는 확신으로 해석되게 만들었다. 그리고 히피들이 멀리 떨어진 워싱턴 정부를 운영할 수 없다는 것을 완전히 이해하는 동안, 기업은 보다 분산적이고 보다 침투하기 쉬운 것처럼 보였다. 반체제문화를 상징하는 단체들, 그리고 가끔씩 그 주인공 자신들이 기업들을 통째로 인수했고 그 과정에서 막대한 이윤을 창출했다.

그리고 수많은 공동체들이 수익성 좋은 기업으로 발전하거나 수익성이 높은 기업으로 변신되었다. 반체제문화 인사 스투워트 브랜드Stewart Brand가 만든 기발한 마케팅기업인 디아이와이(역주: DIY, 소비자가 직접 만듦)의 해결 총목록인 호울어스 카탈로그(역주: The Whole Earth Catalog, 미국의 반체제문화 잡지로 상품 리

호울어스 카탈로그

뷰를 주로 실었는데 편집 의도는 자급, 환경, 상호교육, '너 자신이 해라, do it yourself(DIY)', 그리고 전체론에 초점을 맞추었다. 상품을 직접 팔지는 않고 대신 판매자 리스트와 리뷰를 올려 소비자가 결정하게 했다.)는 엘엘빈 카탈로그를 모델로 삼은 것인데, 스티브 잡스가 구글의 전신이라고 인정했다. 호울어스 카탈로그가 지향했던 이상은 올바른 도구의 마법을 통한 자기 재생산과 자기의존이었다. 이 모든 게 랜드가 팔려고 했던 것과 친화력이 있는 것처럼 들리지 않는가? 그러기에 랜드가 아무리 반체제문화를 싫어했다고 해도, 적어도 반체제문화의 일정 부분은 랜드의 사상에 대한 알레르기 반응에 지나지 않았다고 말했던 리겐바크가 옳았다. 랜드의 소설들이 자본주의 기업들을 자유로운 자기표현의 형태로 취급한 부분은 특히나 옳았다.

예를 들면 랜드의 소설《원천》은 예술가 소설을 지향한 것이다. 비록 크레인이나 콘크리트 혼합기 또는 철제 대들보를 표현한 곳에서 예술가적 기교가 있는지에 대해서는 의문이지만 말이다. 그 소설 속에서 캔버스에 그림을 그리는 예술가들은 대개 큰 기업체에 예약되었는데, 법인과 같은 집합기업을 소개할 때 일반적으로 갖는 왜곡을 품지 않고 일하는 것으로 보인다. 반대로 그 소설 속에 나오는 부유한 기업인들은 그들도 실패하는, 좌절하는, 아니면 상업을 예술적으로 실현하는 사람들로 그려진다.

그 소설 속에는 가이 프랜콘이라는 인물이 있는데, 그의 투기적 사업은 사회의 변덕스런 추이를 따르며, 그는 자신의 가치에 따라 추진하지 않는다. 홉튼 스토다드는 그 자신의 성공 때문에 죄책감을 느끼는 사람인데, 그를 조종하는 악랄한 투히는 자선운동에 여러 가지로 공헌하도록 스토다드를 꾀어 그를 이용한다. 출판업자 개일 위넌드는 전형적인 랜드식 허무주의자이다. 그는 쓰레기가 될 물건인지 알면서도 그것을 가지고 돈을 번다. 그리고 그가 완전히 실패했을 때 대중의 본능보다 자신의 본능을 따랐어야 재산을 모을 수 있었다는 것을 깨닫는다. 달리 말하면, 이 소설 속의 사업들은 실제 현실 세계 속의 사업에서는 작동되지 않을 것 같은 방법으로 작동되는 것이다. 미학적 창조물로서 또는 자아실현의 방법으로서만 존재하는 것이다. 랜드에게는 회사가 자화상이다.

건설회사들의 창업과 실패 사이를, 그리고 사람과 사람 사이의 멜로드라마를《원천》만큼 힘들이지 않고 엮어낸 소설은 없다. 그리고 가끔 이 소설은 건설회사와 멜로드라마를 구별할 수 없게 한다. 이 소설처럼 많은 정직하지 않은 건축 중개인들 그리고 마키아벨리적인 건축평론가들이 등장하는 소설은 거의 없다. 빌딩들이 그렇게 빠르게 세워지고 해체되는 것은, 건축이라는 것이 공동의 노력에 훨씬 못 미치는 기묘한 대역배우라는 느낌을 쉽게 갖게 한다. 이 소설은 걸출한 개인주의자 로크와 그를 따라다니는 재능 없는 피터 키팅 사이의 클라이막스적 대립을 알린다. 키팅은 수수료를 가지고 로크에게 접근하는데 그 수수료는 로크에게 돈벌이가 되지 못한다. 로크는 자주 증명된 그의 탁월한 재능을 사용하여 건물을 설계하는 것을 수락하며 키팅이 그 공적을 가져가도록 한다. 그러나 로크가 설계한 것과 똑같은 건물을 세우도록 키팅에게 요구한다.

　달리 말하면, 여기에는 건축에 쏟아 넣는 공동의 노력에서와 같은, 내가 굳이 얘기한다면, 집단의 노력이 요구되는 것으로 정의되는 것을, 마치 홀로 스튜디오에서, 아니면 마음에 드는 아늑한 글 쓰는 곳에서 개인적으로 만들어내는 예술처럼 취급하려는 괴상한(그리고 알려진) 경향이 있다. 이것이 바로 사상을 연구하는 역사학자들이 '천재의 미학'이라고 부르는 것이다. 이 말은 예술작품이 뜻하는 것이 세상에 이미 존재하는 법칙이나, 사회와 시대의 보다 넓은 정신으로부터 나오지 않고, 창작자만의 어떤 독특한 마음에서 나온다는 것으로 생각하는 우리들의 경향에 대하여 말하는 것이다. 여러분이 어떤 한 소설에 대해서 얘기할 때 이 얘기는 어느 정도 일리가 있다는 것을 알고 있다. 랜드는 이런 개인의 탁월성을 인류의 가장 흔한 공동사업에까지 확장시킨다. 여러분은 철도를 보면서 이 계곡 위에 다리를 세우기로 결심한 한 천재는 그때 무슨 생각을 하고 있었을까?라고 생각해 본 적이 없었나? 랜드는 그런 생각을 했었다. 우리도, 일론 머스크 덕분에, 소년들을 구하기 위하여 터널을 뚫는 한 억만장자의 괴상한 프로젝트를 기본적인 예술행위의 형태로써, 순수한 개인적 천재성의 소산으로, 그리고 다른 사람들의 노력은 일종의 쓸모 없는 것으로 생각하게 되는 것에 주목해왔다.

정치학자 코리 로빈Corey Robin이 지적한 대로 랜드는 영화 각본을 쓰기를 원하면서 성장했고 할리우드에서 작가로서의 기량을 연마했다. 영화 산업은 수많은 무명 작가들, 무대 디자이너들, 음향 조정가들, 그리고 기술자들이, 그들 중 다수가 조합 안에서 잘 조직되어 미학적 대상물을 창작하는 산업이다. 그러나 결국에는 그 대상물을, 예를 들면, 대미언 샤젤(역주: Damien Sayre Cha-zelle, 프랑스계 미국 영화감독, 제작자, 각본가. 〈라라랜드〉로 골든 글로브 감독상과 아카데미 감독상 수상)의 영화라고 말해 버리는 드문 예들이 있는 곳 가운데 하나이다. 랜드의 거대 소설들은 복합상

영관에서의 효율적인 엔터테인먼트를 기대하기에는 많이 동떨어진 것처럼 보여도, 소설 속 멜로드라마적인 요소는 확실히 할리우드에 영감을 주었다. 소설 속 악당들은 멋진 콧수염을 기르며 흐뭇해 하고, 주인공들은 눈부시게 빛나며 부패하지 않는 인물들이다. 소설은 연이은 사악한 음모, 그리고는 주인공의 완전한 정당성의 입증으로 구성되었다.

랜드의 영웅적 개인주의는 기술산업이 자신을 어떻게 드러낼까 하는 데에 피할 수 없는 부분이 되었다. 그녀의 천재적 미학을 통하여 '전혀 미학적이지 않은' 코딩 작업을(내 말을 못 믿겠으면, 아무 때나 재미있게 보이는 컴퓨터 해킹을 시도하는 TV 쇼를 보라. 남이 하고 있는 것을 보면 그게 실제로 어떻게 보이는 지가 여러분을 일깨워 줄 테니 말이다) 남자다운 투쟁으로 변할 수 있게 한다. 이를 통해, 꼭 맞는 아이디어에, 그리고 적시에 투자한 행운을 가진 사람들, 아니면 대학 초년생 시절 룸메이트를 잘 만난 사람들, 아니면 최적의 순간에 뿌릴 현금을 보유한 사람들이 기술산업의 메시아가 되어 그들이 하는 한마디 한마디를 놓칠세라 듣는 추종자들을 거느리게 된다.

실제로 기술산업에서 일하는 누구에게 물어도 그건 실상을 크게 왜곡한 것이라고 말할 것이다. 기술산업의 일들은 거의 항상 팀워크에 의한 것이다. 그 일 자체는 자주 그 일이 이루어낸 것들처럼 쿨하게 보이는 경우가 거의 없다. 결국 그들이 타고 다니는 호사스러운 자전거와 그들이 먹는 무료 버리토 샌드위치를 걷어 내면 그들의 일도 다른 직업과 다르지 않다. 그러나 요점은, 기술산업이 바깥 세계나 그들의 종업원들에게 기술산업의 일이 다른 직업과 다르게 나타나기를 분명하게 원하고 있다는 점이다. 노동의 미학화는 아마도 기술산업의 일을 구별할 수 있는 중심 요소일 것이다. 그리고 그 미학화는 기술산업을 오늘날의 일이 어떤 것인가에 대한 선도적 지표로 만들었다.

그러나 비슷한 일이 기술산업 고용 스펙트럼의 다른 한쪽에서도 실제로 적용되고 있다. 왜냐하면 코딩 작업하는 사람들이 그들은 종업원이 아니고 가족의 일원이라고 생각하라고 격려받는 동안, 우버에서 운전하는 사람들, 아마존의 상품 배송원들, 도어 대쉬(역주: DoorDash Inc. 온라인 음식 배달업체)에서 음식 배달하는 사람들은 그들의 종업원이 아니라는 말을 듣는다. 긱 경제(역주: Gig economy, 임시직 선호 경제) 자체는 노동 실천의 미학화이다. 그렇다. 여러분이 피자 배달원이라면 전체적으로 볼 때는 이십 년 전의 피자 배달원과 같아 보여도, 여러분이 진짜 하는 일은 자영업 하는 사장이며(도어 대쉬 배달원을 구하는 광고에 의하면), 도시의 새로운 부분을 탐사하고, 여러분 자신의 결혼비용을 지불한다.

반체제적 저항으로 과대 포장된 미학적 천재성

《찬가》의 내레이터 '평등 7-2521'은 완전히 집단화된 그의 사회의 인습에 저항하는 생각을 글로 쓴다. 우리가 읽는 소설 전체는 이단행위이며, 그리고 우리가 소설의 그 인기 없는 위험경고를 읽으면서 느끼는 이단행위의 스릴은 아마도 '평등 7-2521'의 용감성의 메아리가 멀리서 나타나게 되어 있다는 것이리라. '평등 7-2521'은 그의 이야기의 말미 부분에서, 어떻게 '나'라는 단어가, 그리고 무엇인가 가치 있는 것을 주장하고 방어하는 '자신'이라는 개념이 처음 생각으로부터 사라지게 되었는지 궁금해한다.

아마도, 그 당시, 사람들 가운데 몇은 깨끗한 시야와 맑은 정신을 가지고, 그 단어를 단념하기를 거부했을 거야.

그들에게 다가오는 것 앞에서 그것을 멈추게 할 수 없는 고통이 얼마나 컸을까!

아마도 그들은 위험을 경고하고, 저항하면서 소리쳤겠지.

그렇지만 사람들은 이 경고를 무시했지.

그리고, 이 소수의 사람들은 가망 없는 싸움을 했지.

그리고 그들의 피로 물든 깃발과 함께 소멸되었지.

그들은 소멸될 줄 알면서도 소멸을 택했지.

거기에는 완전한 디스토피아 장르가 있다. 우리가 당연하다고 여기고 있던 것들, 느끼고, 읽고, 담대해지며, 동시에 학식을 갖추게 되는 것들이 금지된 반이상향에 관한 것이다. 그들은 약간 바보 같다는 느낌을 가질 수 있다. 그러나 그 비유는 적어도 우리의 가장 일상적인 행동에 기품을 주어 숭고한 저항과 용기의 제스처로 전환시켜 준 사실에 대한 유효성의 일부에서 비롯되었다. 이것은 여러분이 책을 읽는 것을 축하해 주는 책들에게는 특히 맞는 얘기인데,《찬가》는 정말로 확실히 그런 책이다. 그런데 랜드의 소설은 거기서 그치지 않는다. 여러분이 '평등 7-2521'의 연대기를 읽는 것을 마칠 때 쯤이면, '나'라는 말을 단념하지 않은 여러분 자신을 칭찬하고 싶을 것이다. 사람들이 그 말 때문에 왔다는 생각에 대하여, 그리고 영어에서 가장 자주 쓰이는 열 개의 단어들 중 하나인 그 '나'라는 말을 놓아 버리는 것을 거부한 것에 칭찬하고 싶을 것이다. 왜냐하면 '나'라는 말을 위해 온 사람들을 알게 된 여러분은 뿔에 받혀, 여러분의 깃발은 여러분의 피로 물들게 될 것이기 때문이다.

독일의 문화비평가 테오도르 아도르노Theodor W. Adorno는(퉁명스럽기로 유명) 1940년에 "많은 사람들에게 있어서 '나'라고 말하는 것은 이미 무례한 것이 되었다."라고 썼다. 그와 거의 같은 시기에 랜드의 소설《찬가》는 '나'라고 말하는 것은 사실상 혁명이라고 제의했다. 아도르노와 랜드 모두 20세기 중반 전체주의의 부상에 대해서 깊게 우려했다. 그러나 아도르노가 그렇게 말한 것의 의미는 사회가 순응과 전체화로 나아가는 것을 막는 것은 극도로 어려운 일이라고 생각했다는 데에 있다. 랜드는 암암리에 저항이라고 간주되는 것의 기준을 낮췄다.

랜드가 말하는 일종의 저항은 여러분이 살고 있는 방식을 바꾸도록 요구하지 않는다. 그것은 완전히 새로운 세계의 모습과 씨름하는 것을 요구하지 않는다. 그것은 여러분이 이미 하고 있는 것을 하도록 요구한다. 하지만 지금은 거기에다 정치적 후광을 업도록 요구한다. 세금 내기 싫은가? 저런, 좋은 생각이군. 그 문제는 지금 이념적 입장에 있지. 관료주의와 지루한 회의에 짜증나는가? 저런, 축하해, 왜냐하면 그게 지금 철학이니 말일세. 이것이 '정치적 정당성'에 대한 푸념 뒤에 있는 천재성이다. 예를 들자면, 여러분이 항상 하던 방식대로 말하기를 계속해라. 그렇지만 여러분이 게으르게 됐다고 걱정하는 대신 여러분 자신에게 실제 용감해졌다고 말하라.

기술산업을 지배하는 미학적 천재는 이와 같이 순전히 일종의 허세의 제스처에 반복적으로 의존한다. 일상적 일들을 거대한 불복종 행동 또는 저항운동으로까지 과대포장하고 있다. 그들은 그들 주변에 있는 사람들이 말하고 있는 것, 그것이 뭐가 됐건 반복하면서 그들 자신을 자유사상가라고 부른다. 그들은 다

른 사람들의 돈을 투자하여 다른 사람들의 노동을 사용한다. 그
러면서 그들 자신을 위험 부담자라고 부른다. 그들은 직장동료
들에게 직장동료로서만 생각하지 말라고 하면서 터커 칼슨(역주:
Tucker Swanson McNear Carlson, 미국 보수 텔레비전 폭스 뉴스의 정치
토크쇼 '터커 칼슨 투나잇' 진행자)에게 가서는 괴롭힘에 대해서 얘
기한다. 그리고 이런 류의 허세의 제스처로 된 용기를 가지고 소
통하는 시늉만 내고 있다. 이 장에서 다룬 것이 어떤 미학적 천재
성이 용기와 독립성으로 보이는 것에 대한 것이었다면, 다음 장
에서는 미화된 모조품과 진짜 제품 사이에 놓인 실망에 대한 것
을 논할 것이다.

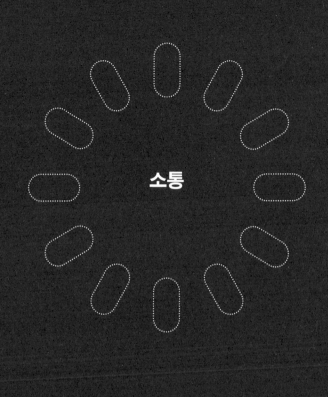

소통

"가족에서 국가까지, 모든 인간의 그룹은 섬 우주의 사회다."
라고 올더스 헉슬리는 1954년에 썼다. "우리는 같이 살고, 서
로 영향을 주고, 그리고 반응한다. 그러나 항상, 그리고 모든 상
황 속에서 우리 자신들로서만 존재한다. 순교자들은 손에 손잡
고 원형경기장으로 간다. 그러나 혼자 십자가에 처형된다." 헉슬
리는 이런 상태를 극복하기 위해서, 큰 공감을 얻을 수 있도록,
좀 더 깊은 수준으로 다른 사람들과 같이 공명할 수 있도록 분투
했다. 단순한 추측을 넘어 타인의 내면의 상태를 알기 위해, 자기
자아의 유사점을 통하여 타인과 공명하는 법을 깨우치려고 노력
했다. 그는 그것을 베단타(역주: Vedanta, 힌두철학의 일파, 베다의 끝
이라는 뜻, 우파니샤드에 수록된 추론과 철학과 관련이 있거나 거기에
서 출현된 사상을 반영한다.)와 명상과 LSD를 통하여, 그리고 다음

에 기술되는 에피소드에서와 같이 메스칼린(역주: 선인장의 일종에서 추출한, 환각 물질이 들어 있는 약물)을 통해서 찾았다.

그러나 헉슬리는 거의 모든 상황에서 실망스러운 결과만을 얻고 말았다. 1954년에 출간된 그의 저서《지각의 문(The Doors of Perception)》에서 그는, 물 한 컵에 메스칼린 0.4그램을 타서 들이킨 다음 말한다. "전에 나는 그 약이 블래이크가 묘사한…… 일종의 내적 세계로 들어가게 해줄 거라고 확신했지." 헉슬리는 메스칼린을 통해 요한 세바스찬 바흐가 신비의 눈을 통해 세상을 볼 수 있었던 것을 볼 수 있을 거라고 믿었다. 그렇지만 그 약은 그렇지 않다고 판명이 났다. 그렇지만 우회로를 지나서, 헉슬리가 꿈꾸던 감정이입은 새로운 기술에 의해서 성취되었고, 서구

올더스 헉슬리와 《지각의 문》 표지

식 마음의 이해에 대한 저항에 의해서 경계 지은 그의 꿈은 기술 산업에 전도되었다.

반체제문화와 실리콘밸리와의 관계

1960년 딕 프라이스Dick Price라는 이름의 스탠포드 졸업생이 '인간의 잠재력'이라는 제목의 헉슬리의 강연에 참석했다. 프라이스는 1962년에 또 다른 스탠포드 졸업생 마이클 머피Michael Murphy와 함께, 프레데릭 스피겔버그Frederic Spiegelberg(스탠포드 대학교 동양 종교학자), 인류학자 그레고리 배이트슨Gregory Bateson 그리고 프리츠 펄즈Fritz Perls(게스탈트 테라피 이론으로 유명) 등 여러 북부 캘리포니아 지성들의 도움으로 캘리포니아 해안 주변에 있는 빅서에 이살린 연구소를 개설했다. 헉슬리는 알벅민스터 풀러, 켄 케시, 라이너스 폴링Linus Pauling 그리고 조셉 캠프벨Joseph Campbell 등 다른 저명인사들이 했던 것처럼 이살린에서 곧바로 강연과 세미나를 개최했다. 이살린은 인간 잠재능력 회복운동의 센터로 알려지게 되었고, '신세대 정신주의'의 가장 오래 지속된 기관 중의 하나가 되었다.

최근 몇 년 동안 이살린은 실리콘밸리의 속국이 되었다. – 이살린의 CEO가 위키미디어 재단(역주: Wikimedia Foundation, 샌프란시스코에 본부를 둔 비영리 자선조직, 인터넷 도메인 Wikipedia, Wiki-data, 그리고 Wikimedia Commons를 소유, 주관한다.)에서 왔고, 위키미디어 재단은 실리콘밸리 고문들에 의해서 가르쳐지는 '우리가 원하는 인생 설계'라는 강좌를 이살린에 제공했다. 그러나 이것이 중부 해안지대의 명상하는 히피들과 베이에리어의 기술산업 종사자들 사이의 첫 만남은 아니었다. 단지 오랜 동안 주로 다른 방법으로 그 영향이 갔던 것이다. 이살린의 첫 번째 십 년은 가장 활기가 넘쳤는데, 미국 전역에 걸친 학자들이 아르파네트(역주: ARPANET, The Advanced Research Projects Agency Network, 미 국방부가 개발한 인터넷의 모체) 인터넷의 전신에서 일했다. 광역 네트워크를 통해서 처음으로 메시지가 송출된 것은 1969년에 스탠포드 대학교 연구기관의 실험실과 UCLA 대학교의 실험실 사이에서 이루어졌다. 미국의 역사가 피터 밀러Peter N. Miller가 지적한대로, 제품의 디자인에 초점을 맞추는 스탠포드 d.스쿨은 기술산업의 도구 접근의 정의, 사용자 경험, 그리고 창의적 과정을 도와왔는데 이 d.스쿨은 이살린 조직에 있던 사람들에 의해 구성되었다.

이살린에서 명상과 요가수련이 중요한 초점이긴 했어도, 기술은 처음부터 일부였다. 어쨌든 기술이 지각의 문을 활짝 열지 않았더라면 0.4그램의 메스칼린을 용해한 수돗물 말고는 뭐가 있었겠나? 여러분은 인간 잠재능력 회복운동이 얼마나 기술적응력이 있었고, 얼마나 기술에 대한 믿음이 있었는지, 역사가 제프리 크리펄Jeffrey Kripal(이살린 중역)의 이와 관련된 얘기를 통해 감을 잡을 것이다. 1982년 이살린에 있는 미국-러시아 센터(TRAC)에서 민간외교의 실험이 거행되었다. 애플의 명망가 스티브 워즈니악은 그들이 미국과 소련 사이의 첫 번째 통신위성을 설치하도록 도와 주었는데, 이것은 정부보다는 민간인들이 직접 통신할 수 있도록 허용하는 것이었다. 크리펄이 지적한 대로 이 첫 번째 사건은 반체제문화와 당시로서는 최첨단 기술과 연합된 방식이라는 것이 꽤나 설득력이 있었다. 한 세트의 인공위성 록앤롤 페스티벌 콘서트라 할만 했다.

그러나 만약 헉슬리의 메스칼린 경험을 위한 그의 성층권적 희망이 이살린과 다른 반체제문화 기관에서부터 레드우드 시와 마운틴 뷰 사이의 차고들과 복합상업지구에 이르기까지 돌아다녔다면, 아마도 헉슬리의 실망감도 함께 돌아다녔을 것이다. 반체제문화는 기술산업인들에게 소통으로써 가능해진 대담한 직관을 제공해 주었다. 그리고 실제 인간의 소통이 다시 한번 메스칼린이 들어 있는 물잔으로 도달하는 상상적 경험에는 못 미친다는 조립식 실망감도 제공했다.

문제는 우리가 이 양쪽의 느낌을 너무 잘 안다는 데에 있다. 한편으로는, 이십 년 전에만 해도 도저히 이루어질 수 없는 미래의

반체제문화는 기술산업인들에게
소통으로써 가능해진
대담한 직관을 제공해 주었다.

것이라 여겼었던 방법으로 보다 넓은 세계와 갑자기 연결되었을 때 인간 잠재력에 대한 놀라운 느낌이 있는 반면, 다른 한편으로는 우리가 계속 엉망으로 만들고 있다는 느낌이 있다. 우리의 통신 미디어가 스팸으로 가득 차고, 딕픽(역주: dick-pic, 섹스팅이라고도 한다. 성적 메시지, 사진, 비디오 등을 주로 스마트폰을 통해 공유)으로 넘치고, 나치 찬양자들의 오물 구덩이로 되는 것이 우리가 미디어를 망치고 있다는 기분을 갖게 한다. 이 장은 우리의 통신기술이 우리의 의식을 확대시킬 것이라는, 빈번히 정당화되어 부추기는, 믿을 수 없는 약속에 관한 것이 아니다. 그보다는 통신기술에 대한 우리의 실망과 그 실망스러운 것의 용도에 관한 것이다.

소통의 명과 암

마셜 맥루헌은, 섀넌-위버 소통모델(역주: 모든 모델의 어머니로 불려졌다. 사회과학자들은 이 용어를 정보 출처, 메시지, 전달자, 신호, 채널, 소음, 리시버, 정보 목적지, 실패 확률, 암호화, 암호 해독, 정보화 비율, 채널 용량 등의 개념을 집합한 것으로 사용하고 있다.) 뿐만 아니라 노버트 위너(역주: Norbert Wiener 1894~1964, 미국 수학자, 철학자, MIT 교수, 인공 두뇌와 소통학의 선구자)의 인공두뇌학(cybernetics)이 대중화된 부분에 관해서도 비판해 온 듯하다. 왜냐하면 그들이 "그들이 만들어 사용하는 도구들에 의해 사람들이 얼마나 변할 수 있는가?"라는 문제에 대해서 충분히 주의하지 않았기 때문이다. 맥루헌과 클로드 셰넌은 이상한 방식으로 우리들의 21세기 매체 풍경을 정의하는 두 가지 핵심적 특성을 예견했다. 셰넌은 불필요한 중복을 관리함으로써 거의 어떤 콘텐트일지라도 전 세계에 걸쳐 송신될 수 있을 거라고 지적했다. 맥루헌은 사람들이 콘텐트를 제작하고, 수신하고, 즐길 것이기 때문에 그들은 모든 가능한 채널에 불필요한 중복을 즉시 퍼올릴 수 있을 거라고 예감했다. 달리 말하면 우리가 소통을 더 잘할 수 있기 때문에 실제로는 소통을 잘 못할 거라는 것이다.

이것은 처음 제기된 문제는 아니다. 존 더럼 피터즈John Durham Peters가 그의 저서 《허공에 말하기》에서 주장하기를 '소통'은 항상 잠재력으로 가득 찬다는 개념이었는데, 실제 소통 행위는 거의 그 잠재력에 미치지 못하는 것이라고 했다. 그 개념은 종교적 비전과 성스러운 영감에서 끌어온 형상인데, 이 개념의 배후에는 완전한 투명성과 공동체 그리고 직접성이 있다는 거의 신비로운 환상이 있다. 비록 세상이 오래됐어도, 소통의 개념은 철학자들과 이론가들에게, 매우 드물게 일어나는 일이기는 하지만, 메시지가 왜곡되지 않고 투명하게 전달될 때 설득력이 생겼다. 그런 개념은, 피터즈가 말한 대로, 다리가 되기도 하고 장애가 되기도 한다는 것을 의미한다. 아니면 그가 말한 다른 면, 즉 소통은 흔히 처음 소통할 때 만들어 놓은 문제들을 풀기 위해 이루어진다.

  이것은 소통이 기술적 진보 때문에 생기는 문제, 그리고 그 약속 두 가지에 다 연계된 개념이다. 예를 들면, 우리가 컴퓨터 망에 더 많이 연결되면 될수록, 더 많이 우리의 소통 시스템이 악용되어 위험한 사안이 된다. 소셜미디어에 올려지는 가짜 뉴스는, 말하자면 12세기 영국에서 한 수도사가 가짜 연대기를 쓰는 거나, 18세기 프랑스에서 어떤 사람이 중상 비방하는 만화를 그린 것보다 훨씬 더 큰 문제가 된다. 그러나 전통적으로 신비한 언어 또는 종교적인 언어를 끌어왔었던 소통에 관한 담론은 인터넷시대의 소셜미디어가 편리한 실망감 뒤에 숨는 것을 허용해왔다는 사실이다. – 헉슬리가 메스칼린을 처음 들이켜기 전부터도 미디어가 재빨리 발뺌하는 것이 소통 행위에 드리워져 있다. 이 결과 우리는 우리의 소통 시스템들과 잘 소통할 수 없게 되었다.

  여러분이 이 주장에 대한 증빙서류가 필요하다면, 곧바로 트위터의 CEO 잭 도시의 트위터 계정인 ask@jack에 들어가서, 신나치(Neo-Nazis)를 트위터 플랫폼으로부터 추방하라고 요청해 보라. 여러분은 변화무쌍한 구름 같은 장광설과, 더할 나위 없는 이상과 희망으로 윙윙거리는 답을 들을 것이다. 그는 어떤 콘텐트가 트위터에 법적 책임이 있는 것으로 나타나면, 회사는 그런 콘텐트의 아이디어나 희망이 파멸되게 만드는 것에 완전히 기쁘게 생각하며 열심히 검열하겠다는 식으로 피해 나갈 것이다. 그는 그의 회사가 어떤 콘텐트를 끌어내릴 지를 결정하는 것에 대해서 믿을 수 없을 만큼 교활하고 철저한 정치적 선택으로 피해 나갈 것이다. 그는 심지어 이런 작업이 어떻게 이루어지는지에 대해서도 피해 나갈 것이다. 잘해 봐야 여러분은 깊은 실망감만 갖게 될 것이다. "우리는 너희들에게 이 놀라운 장난감을 만들어 줬는데 너희들은 생각해 낸다는 게 고작 이 장난감으로 나치가 되겠다고 하고 서로 나치라고 부르고 있다." 이것은 사람들이 빈번히 @jack의 플랫폼에서 얘기하는 것처럼, 왜 우리가 멋진 것을 얻을 수 없는 지에 관한 것이다.

이 실망의 공간은 좌익과 우익, 자본주의자들과 그들에 대한 맑시스트 비판가들에 의해서 광범위하게, 때로는 사이좋게 함께 점유되고 있다. 플랜티어 테크놀로지(역주: Palantir Technologies, 덴버에 본부를 둔 빅 데이터 분석을 특화한 미국 회사) 회사가 시민권 침해와 자유 언론을 침해할 가능성이 있는 것으로 나타났을 때, 이 회사는 누구에게나 실리콘밸리 안에서 가장 위험한 것 중 하나로 간주되고 있다. 이 회사는 거대한 데이터 뱅크를 모으고 교차 참조하는 기술을 창안하여 국가의 안보를 위협하는 요소를 예측하려고 시도하고 또는, 잘 아시겠지만, 누가 불법이민자인지 색출한다. 그리고 국가안보국 또는 FBI가 그런 기술을 이용하는 것을 여러분이 좋아하는지 아닌지와는 별개로, 다른 회사들도 이미 미국보다 훨씬 더 권위적인 정부들을 위해서 그런 기술을 만들어냈다.

플랜티어 테크놀로지에는 두 명의 창업자가 있는데 피터 틸과 알렉스 카프Alex Karp가 그들이다. 카프는 실리콘밸리의 CEO들 중에서는 드물게 사회이론으로 박사학위를 딴 사람인데, 유르겐 하버마스(역주: Jürgen Habermas, 1929~, 독일 철학자, 사회학자, 비판 이론과 실용주의 연구, 그리고 의사소통 합리성과 공공영역에 관한 세계적 석학, 프랑크푸르트학파와 연대하여 인식론의 기반과 사회 이론 정립)에게서 사사했다.(그의 박사학위 논문 지도교수로서 또 다른 프랑크푸르트학파인 카롤라 브레데Karola Brede 교수가 있는데 그는 잘 알려지지 않았고 또 카프가 잘 언급하지 않는 인물이다.) 카프가 하버마스 교수를 자유로운 질서와 권리와 투명성에 있어서 가장 위대한 이론가라고 추켜세우기를 좋아하는 것과는 달리, 그가 그런 이념들에게 크게 위험한 것으로 널리 인식되어 온 기술을 만들고 있는 것은 가끔 자가당착적으로 보인다. 어쨌든 플랜티어 테크놀로지는 톨킨즈의《반지의 제왕》에 나오는, 보이는 돌에서 따온 이름인데 그 굉장한 돌처럼 플랜티어 테크놀로지의 기술은, 권력 있는 사람이 다른 사람이 볼 수 없는 것을 볼 수 있게 허용하는 것을 뜻한다. 그런 불평등은, 하버마스가 말한 대로, 우리 모두가 평등하게 입장하기로 되어 있는 공공영역의 중심 이념과

상치되는 것이다. 그렇다고 하더라도 하버마스가 공공영역에 대하여 전적으로 낙관적인 것만은 아니었다. 대신에 그의 위대한 저술《공공영역의 구조적 변형》(1962)에서 하버마스는 대중매체와 소비자문화에 의한 점진적 하향세를 추적해 밝히고 있다. 하버마스는 문화를 비관적으로 보지는 않지만, 이 책에서 문화의 하향적 성질을 비관주의적 화법을 사용해 말하고 있다. 공공영역이라고 하는 것은 이상적인 것이다. 그러나 지난 이백 년 동안우리는 점점 그 영역에 못 미치고 있다는 것이다.

카프의 박사학위 논문은 사회학자 탤컷 파슨스Talcott Parsons가특수용어(jargon)라고 부른 말투를 분석한 것을 사용했다. – 말이 가지고 있는 정보 콘텐트를 전달하기보다는, 말이 어떤 특정구역에 옮기고 또 야기시키는 느낌을 위해 사용되는 특수용어인데, 그 말투는 공공영역의 약속과 그 실상 사이의 공간에 거처를마련한 언어라는 느낌이다. 카프가 예로 든 것은, 독일 작가 마르틴 발서Martin Walser가 끝없이 홀로코스트와 나치의 범죄를 되새기는 소위 독일 사회의 강박증에 대해 불평한 말투이다. 카프는즉각 그 강박증은 근본적으로 상상에만 존재하는 것이라고 단언했다. 그렇지만 그는 왜 발서가 그것을 상상했는지, 그리고 왜 그가 상상한 것이 주목 받았는지 알고 싶었다. 카프가 찾은 답은 정치적 공정성에 대한 평론이었다. 공정성이 발서에게 맞는 사실은 아니었지만, 카프는 "어떤 사회적 금기에 대한 존중, 그리고 문화적 전달의(문화적 전달 주변의) 의식화(儀式化)는 궁극적으로 인간 개개인 안에 내재된, 각자의 의식에 따라서 옳고 그름을 판단하는 소명을 훼손하게 된다."라는 감으로 표현했다.

　카프의 논문이 나온 것은 2002년도이다. 그런데도 그 논문은 보다 최근에 발생한 소통과 공공영역에 관련된 쟁점들을 실리콘밸리가 어떻게 보고 있는가에 대해서 많은 것을 시사하고 있다. 재미있는 것은 내가 방금 말한 것에 대해서 카프는 직접적으로 평론을 쓴 적이 없다는 것이다. 다만 그는 발서가 주장한 일탈을 위한 일탈할 수 있는 권리, 엄격한 예절 바름에 저항할 권리 - 오늘날 우리가 '악성 댓글'이라고 규정하는 것 - 선상으로 살금살금 다가가고 있다. 그리고 카프는 그가 인용한 발서에게로 돌아가 발서는 옳았나?라고 묻는다. 발서의 말투가 공공영역이 의도한대로 작동된 예를 말한 것인가? 아니면 마찰이 일어나기 시작한 대중의 표현 주변에 있는 사회결속력의 신호인가? 여기에 결론을 내는 대신 카프는 평하기를 그만두었다. 비록 카프가 실리콘밸리로 이동하기 직전에 이 논문을 썼지만 그의 논문은 기술산업의 두서 없는 전략을 이미 똑같이 가지고 있었다. 대립을 교묘하게 거부하는 전략 말이다. 피터 틸은 "경쟁은 패자를 위한 거야."라는 농담을 즐기는데, 아이디어 시장인 실리콘밸리에서는 이 생각을 폭넓게 지지하고 있다.

실리콘밸리는 실제로는 그럴 의사가 없으면서도 논쟁하는 척하는 습관이 있다. 이런 버전이 반영된 것이 하나 있는데, 2017년 구글의 내부 메일 리스트에 제임스 더모어James Damore가 게시한 악명 높은 '구글 메모'로, 이것이 재빨리 언론매체로 새어나간 사건이 있다. 그 메모에서 더모어는 다양성에 관한 회사의 노력에 반하는 주장, 기본적으로 구글을 대표하는데 부족한 것에 관한 주장을 했는데, 특히 여성이나 유색인들은 구글을 대표할 수 없다는 내용이 문제였다. 그것은 차별이나 구조적 불평등이라기 보다는 생물학적 요인의 결과라고 시사했다. 이 메모는 엄청난 논란을 야기시켰다. 더모어는 결국 해고됐고 그 이후로 상근직에서 일하지 못하고 있다. 더모어의 해고에 대해서 칼럼니스트이자 전문가적 어조를 풍기는 경찰관 데이비드 브룩스David Brooks는 〈뉴욕타임스〉에 글을 올려 엄청난 실망감이라는 소동의 틀을 만들었다. "우리가 가지고 있는 것은 합법적 긴장감이다."라고 말하며, 우리들의 공적 담론은 그 긴장을 중재하는 솜씨가 부족하다고 탄식했다. 많은 우익 평론가들은, 오늘의 중요한 현안에 대하여 토론할 수 있는 공유된 틀이 '더 이상' 없다는 사실에 관한 그의 필체에 공감했다. 그러나 그들이 놓친 것은(아마도 가끔은 의도적으로) 구글 메모가, 공유하는 중립적 틀의 부재에 희생되지 않았다는 점보다는, 그 메모가 그 틀의 부재를 이용했다는 점이다.

악성 댓글, 그 논리를 가장한 무논리성

이 게시물의 수사학적 제스처를 분석해 볼만 하다. 왜냐하면 더모어는 실제로 하지 않으면서 뭔가를 하고 있는 것처럼 만드는 데 능숙하기 때문이다. 그리고 부주의한 브룩스와 같이 철저히 주의 깊게 살펴본 독자가 아닌 사람들은, 더모어가 자신이 개입하여 끌어내릴만한 어떤 다른 대책이 없다는 사실을 이용했다고 생각하기 보다는, 더모어가 쓴 글이 실제로 어떤 논쟁에 끼어들었다고 믿었다. '구글의 이념적 반향의 방'이라는 제목의 그 메모에 의하면, 더모어는 회사의 건강 그리고 진정 사회의 건강을 진전시키기 원하고 있다. 간략하게 요약하면, 더모어는 진보적인 것과 보수적인 개성의 유형을 사회와 국가에까지 넓혀서 병치시킨 것이다. "회사가 우익 성향으로부터 너무 멀리 떨어져 있으면 반응을 늦게 하게 되고 지나치게 서열화 되어 남을 믿지 못하게 된다."라는 식이다.

더모어는 이런 편가르는 도끼들로 사람들을, 사회를 그리고 회사들을 나누고 나서 매우 조심스럽게 양다리 걸치기를 하고 있다. 그는 "어느 쪽도 100% 맞다고 할 수 없다. 사회가, 이 경우는 회사가, 제대로 작용하기 위해서는 양쪽의 견해가 필요하다."라고 말한다. 그렇다면 그 메모의 제목이 말하는 '이념적 반향의 방'이 문제라는 건가? 왜냐하면 그것이 회사가 제대로 작동하는 것을 방해한 것이 되는 것이니까 말이다.(구글은 현재 대략 7,300억 달러의 가치가 있다. 만약에 구글이 더모어가 주장했던 대로 제대로 작동했더라면 지금 그 가치가 얼마나 될 것인지 궁금해진다.) 아니라면 그 메모의 제목이 십 년 전만 해도 사람들이 꿈도 꿀 수 없었던 유명한 회사를 결국 더욱 더 실용적인 회사로 만들 수 있다는 얘기인가? 아니면 회사가 단지 이상적이라는 사실 때문에 보다 실용적인 마음을 가진 사람을 다르게 대하는 것이 불공평하기 때문에서일까?

이와 같이 여러 가지 해석이 가능하다. 하지만 그 어느 하나 앞뒤가 맞는 게 없다. 더모어는 그가 주장하는 것이 규범적인 것인지, 아니면 실용적인 것인지 말하지 못한다. 그는 사회의 일반적 관심사에 대해서 말하는 것인지, 아니면 그가 일하는 특정회사의 관심사에 대한 것인지 구별을 못한다. 그가 회사 전반에 맞서는 건지, 거기서 일하는 개인들에 대해서 맞서는지 말하지 못하고 있다. 그는 보수적 상관습이 얼마나 보수적인 개성 구조와 유사한 것으로 여겨지게 되는지에 대해서 말하지 못하고 있다. 그런데 그가 말하지 못하는 사실보다 더 중요한 것은 그가 모호하게 말하기를 몹시도 원한다는 사실이다.

전반적으로 그의 메모는 단어의 사용을 거듭 이어가며 무슨 말을 하는지 파악하기 불가능하게 만들 목적이 있는 것으로 보인다. 그 메모는 "변화는 좋다.(불안정)" 대 "변화는 위험하다.(안정)" 같은 말을 병치시킨다. 그리고 그 매트릭스에 별별 것들을 다 접속시킨다. 교사 노조를 개혁하는 것이 좋다고 생각하는 사람이 진짜로 "진보적"인가요? 피임 서비스를 파기하는 고용주를 원하는 사람은 실용적이라기 보다는 이상적인 사람이지 않나요? 여기에서 요점은 더모어의 글이 말이 되지 않는다는 데에 있지 않다. 요점은, 어떤 것이라도 말이 되는 얘기는, 우리가 예상할 수 있는 일상적 경험이 가르쳐주는 한계 저편에 말들의 쓰임과 정의가 강제로 보존될 때에만 성립된다는 데에 있다.

그러므로 구글 메모에 대해서 우리가 말하고자 하는 것이 뭐가 됐던지, 우리가 말할 수 있는 것은 데이비드 브룩스는 그것을 잘못 받아들였다는 것이다. 그것은 불쌍한 제임스 더모어가 입술을 굳게 닫은 폐쇄적인(그러나 '불안정한') 사람들에게 정직한 전주곡을 만들었는데, 그 사람들은 그에게서 돌아섰다는 데에 있는 게 아니다. 그보다는 그가 보낸 메시지의 뜻이 곡해되었다는 데에 있는 것이다. 그가 한 말에 전적으로 몰두하는 것은, 그 용어에 걸려 넘어지게 되고, 그 말이 만들어내야 하는 추정에 짜증나게 되지만 인정할 수 없게 된다. 그 메시지의 진짜 요점은 필연적으로 다음 단계에 있는데, 저자가 주장하는 글이 – 돌이켜보면 그의 글은 그 글 나름대로의 타당성을 찾을 수 없다 – 불행하게도 그리고 한심하게도 곡해되었다는 점이다. 그 메모는 데이비드 브룩스가 슬프게 생각하도록 만들었다. 더모어의 서한은 청중들이 이해하기를 희망하는 어떤 사람에 의해서 세상으로 보내진 소통의 메시지가 아니다. 그것은 실망시키기 위해서 어떤 사람이 보낸 소통의 메시지이다. 거절당하기 위해 보내진 제시물이다.

여기서 하나 짚고 넘어갈 것이 있다. 제임스 더모어는 이미 운명처럼 정해진 공간, 교묘하게 조작된 실망의 공간을 점령하고 무기화(武器化)한 아주 전형적인 사람이다. 우리 모두는 그 공간에 있어 왔다. 우리 모두 이런 서한을 보낸다. 우리 모두 실망에 빠지는 기쁨을 안다. 적어도 어떤 때에는 말이다. 그것은 정직하게 소통을 시도하려는 감정이다. 그러나 다른 한 면으로는 진정으로 몰두하기에는 이념적인 구멍이 너무나 크다. 여기서 내 말이 시사하는 것은 이런 감정이 맞는 적이 없다거나 타당한 적이 없었다는 뜻이 아니다. 그보다는 우리가 이런 감정에 지나치게 의존하여 잘못 구별하고 심지어 그것이 맞지 않거나 타당하지 않았을 때에도 그것을 옳다고 본다는 데 있다. 결국, 이런 감정의 어떤 버전은 모든 악성 게시물에 내재된 속성이다. "나는 이 문제점에 옳다고 믿고 몰두하는데 나를 반대하는 사람들은 야만적으로 되길 작정한 것이다."

아니면 "댓글-남(역주: reply-guy, SNS에서 주로 여성들의 게시물에 열성적으로 댓글을 다는 남성, 혹은 유명인의 게시물에 댓글을 많이 다는 사람을 지칭함)"이라고 알려진 종족에 대해서 생각해 보라. 그는 답신이 필요하지 않을 것 같은 트위터에서나 페이스북에 게시된 글에 댓글을 다는데, 원 게시자가 뭐라 말한 것에 상관없이 변함없는 실망감을 표한다. 원 게시자가 경험을 공유하면 댓글-남은 그 경험은 원 게시자가 실제로 경험하지 않은 것일 수도 있다고 제시한다. "당신이 마주쳤던 인종차별은 진짜 인종차별이 아닐 수도 있지 않을까요? 아마도 당신은 당신이 언급한 것을 당신 나름의 말로 당신에게 설명해줄 어떤 녀석이 필요할 수 있겠어요. 이 문제를 '모든 생명은 소중하다'라는 명제로 가져가면 토론에 도움이 될까요?"

　악성 게시물을 올리는 사람과 댓글-남 양쪽 모두가 흔히 설명하지 못하는 한가지는, 그들의 개입이 이끌어 내려고 의도했던 결과가 무엇이냐 하는 것이다. 그들이 개입한 실질적 결과에 대해서 아는 것은 자기들이 크게 실망했다는 것과 원 게시자가 옳다고 믿고 행한 노력에 정면으로 맞서고 있다는 사실 뿐이다. 구글 메모도 이와 같은 모호함에 사로잡혀 있다. 더모어는 구글이 그의 메모에 어떻게 응답했어야 한다고 생각했을까? 구글로부터 실제 받았던 반응이 아주 잔인하게도 실망스러운 것이었는데, 그렇다면 그가 바랐던 반응은 무엇이었을까? 이런 의문들은 어떤 소통에 착수할 때에도 반드시 있는 것들이다. 그러나 누군가가 그런 소통에 절대적 가치를 부여할 때, 여기서 말한 특정한 의문들은 모호해질 수 있다는 것이 주목할 만하다.

악성 댓글은 통제를 느슨하게 할 때 통제된다

문제는 소통의 약속들이 지나치게 이상적이라는 점에 있지 않다. 소통에 대한 생각이 소통 자체의 이상주의의 뒤편에 숨어 버린다는 데에 문제가 있다. ‐ 우리가 어떻게 의미를 만들어내는가의 뒤로, 그리고 우리가 소통할 때 소통 자체의 뒤로 숨어 버린다는 점이 문제인 것이다. 피터즈가 지적했듯이 이런 입장은, 유럽인들과 미국인들이 전통적으로 확고한 논거로서 생각해 왔던 심문의 양상, 파르헤시아Parrhesia, 권력 앞에서 진실을 말하는 소크라테스가 택한 방식, 조롱당한 증언과 혼동하기 쉬운 것이다. 악성 댓글은 소통의 공유된 목적과,(상호 설득, 대화에 몰두) 동시에, 당신의 그리고 당신에게 도전하여 호소하기를 원하는 사람의 공유된 청중들을 함께 저버리는 것이다. 이런 냉소주의적 주체에서 남는 것은, 피터즈가 묘사한 대로, 냉담, 무관심 그리고 자기충족 뿐이다. 악성 댓글은 여러분이 통제를 느슨하게 할 때 통제된다.

철학자 페테르 슬로터디크Peter Sloterdijk는 언젠가 현대의 냉소주의를 "개화된 거짓 의식"으로 묘사했다. 우리는 우리가 믿지 않는 것을 믿는 것처럼 행동함으로 얻을 수 있다. 악성 댓글에 대해서 피터즈가 극한의 냉소라고 말한 거나, 아니면, 저널리스트 앤젤라 네이글Angela Nagle이 그녀의 책《모든 보통 사람을 죽여라》(2017)에서 악성 댓글은 길게 늘어선 이단자들의 상속자라고 말한 것은 둘 다 정확했고 아마도 너무 관대하게 본 것일 수 있다. 피터즈나 네이글은 악성 댓글이 뭐라는 것에 대한 한 측면을 집어낸 것은 확실하다. 그런데 중요한 면은 그의 악성 댓글이 냉소적이라는 것은 그 악성 댓글을 올리는 자신이 냉소주의자라는 사실을 억누르는 면에 있다. 고대 냉소주의자들은 전통적 권위에 천적이었다. 그들의 소위 포스트모던 상속자들은 전통적으로 남성 영역이었던 여성의 글쓰기, 정치적 정당성, 사람으로 대접받게 된 사람들을 공격하면서 즐거움을 느낀다. 제법 오래된 전통으로서는 남보다 앞서는 것에 흡족해 하는 백인 우월주의, 남성 중심주의 그리고 유럽 중심주의가 있다. 그리고 소위 그들의 전통과 통념들이 좋아하는 것은 남을 헐뜯는 데에 있다. 4chan(역주: 4chan, 영어로 올리는 익명 이미지보드 웹사이트. 손과 컴퓨터로 그린 에니메이션, 만화에서부터 비디오 게임, 음악, 문학, 피트니스, 정치, 스포츠 등이 올려진다. 이 사이트에 등록할 수 없고, 사용자는 익명으로 올리는데 게시물은 단시간 동안 유지되다가 뒤에 다른 게시물이 올려지면 지워진다.)과 레딧(역주: Reddit, 등록된 회원들이 이 사이트에 링크, 텍스트 포스트, 이미지 그리고 비디오 같은 컨텐츠를 올

리는데, 다른 회원들의 투표로 올리고 내리는 것을 결정)에 올려진 악
성 댓글을 읽는 사람은 그 글을 올린 사람이 확실한 논쟁을 일으
킨다고 생각되면 용서받을 수 있다고 믿게 된다. 악성 댓글을 올
리는 사람들은 역설적으로 성실한 사람으로 변하는 것이다. 이
것은 세계는 말할 것도 없고 서방에서도 정당성을 누리지 못하
고 있다.

　네이글의 책《모든 보통 사람을 죽여라》는 '4chan문화'가 게이
머 게이트 논쟁(역주: 게이머 게이트 논쟁은 독립 게임 개발자 조이 퀸
이 Depression Quest라는 게임을 2013년에 출시하자 일부 긍정적인 반
응과는 달리 폭력과 능력을 강조하는 전형적인 게임 형식이 아니라는
점 때문에 격렬한 악성 댓글에 시달리게 되었고, 급기야 2014년에는 그
녀의 전 남자친구로부터 인신공격을 받게 되어 사회적으로 물의를 빚
은 사건. 이 논쟁은 비디오 게임 산업 내 여성 다수의 성 차별 및 여성혐
오 공격이 이루어졌다는 폭로로 이어졌다.) 이전에는, 어떻게 "좌절
되었거나 실패한 특정한 서구 백인 남성성"에 의해서 어둡게 선
점된 것으로 특질화 되었는지에 대해서 깊은 당혹감을 나타내고
있다. 네이글은 4chan문화가 다른 길로 갈 수도 있었다고 주장
한다. 어떤 의미에서는 악성 댓글 문화는 소셜미디어문화에 내
재된 혁명적 잠재력을 강탈하지는 않았다. 천을 찢었다기 보다
는 악성 댓글 문화는 약삭빠르게 이음매와 바늘 땀이 논리적으
로 인도하는 대로 따라간 것이다.

악성 댓글, 자기 파멸을 향한 충동의 순간

어떤 소셜미디어 플랫폼의 이념도 누가 거기서 무엇을 하는 것이 완전히 개인화 된 것이라고 오해하기 쉽게 만든다. 그리고 플랫폼이 어떤 소통공작을 할 수 있게도, 또 못할 수 있게도 마련되었다는 것을 잊기 쉽게 만든다. 디지털 자본주의 연구원 닉 스르니체크Nick Srnicek는 대형 상업 플랫폼들은 자신들을 '시장 원리에 따르는 빈 그릇'으로 표현할 지 모르지만, 실상은 그들이 '시장의 모습'을 형성한다고 말한다. 대형 소통 플랫폼들도 다르지 않다. 악성 댓글을 다는 사람은 이 상황을 이중으로 이용한다. 그는 플랫폼이 '아이디어 시장'을(거기에 그런 게 있다면) 단지 소극적으로만 반영하지는 않고, 어떤 종류의 콘텐트가 옮겨질 수 있는지 결정한다는 사실을 이용한다. 그리고 악성 댓글을 다는 사람은 그 플랫폼을 운영하는 회사들이 이 사실을 진짜로 인정할 수 없다는 사실을 이용한다.

어떤 특정 플랫폼(에헴, 트위터.컴Twitter.com)들이 악성 댓글, 영양가 없는 게시물, 그리고 비방으로 형편없이 망가지게 되는 끔찍한 우연이 반복되는 경향이 있다는 게 아니다. 플랫폼들은 이미 그런 것들이 가능하도록 마련되어 있다. 플랫폼들은 사람들의 참여로 살아간다. 그것은 교환을 의미하는데, 정보의 교환이 아니라 촉발의 교환이다. 악성 댓글을 올리는 사람은 기구가 원래 그렇게 사용되어야 하는 대로 기구를 사용한다. 그리고 그 기구를 창안한 사람은 억지로 그 반대가 맞는 척 한다. 그 창안자는 플라톤의 이상주의적 소통을 주장하며 플랫폼에 활기를 불어 넣는 사람들의 적극적인 입장을 받아들여야 한다. 지구가 평평하다는 주장을 담은 비디오, 반유대인 정서, 그리고 호출 서비스 비디오들의 뒤편에서 즐겁게 그러면서도 차분하게 말이다.

악성 댓글을 올리는 사람은 이 사실을 안다. 그는 자신을 일종의 소통의 게릴라 전사로 생각하고 그들의 안전한 장소에서 '모자란 진보들'(역주: libtards, 진보주의자라는 뜻의 liberal과 모자란 사람이라는 뜻의 retard를 합성한 비속어)을 찾아내어 그들을 자극한다. 그러나 악성 댓글을 올리는 행위에는 또 다른 측면이 있다. 실제 기계의 톱니바퀴에 있는 모래보다, 톱니바퀴에 모래를 뿌리려는 마음이 더 많다는 느낌이 그것이다. 에드거 앨런 포의 단편소설 〈비뚤어진 자들의 작은 도깨비〉에서 포는 우리가 가지고 있는 어떤 면을 그리고 있다. 우리가 깊은 구렁을 들여다볼 때 그 속으로 떨어지면 어떻게 될 것인가를 상상한다. 우리가 시간에 쫓겨 일을 할 때 일 자체에 쫓기는 게 아니고, 넷플릭스에서 상영되는 모든 영상들에 사로잡혀 있기 때문이라는 것을 안다. 우리가 농담을 나눌 때 그 농담을 자제했더라면 어땠을까 하고 생각한다. 포는 그런 순간들은 우리가 개인적으로 가지고 있는 심리의 문제가 아니라고 생각한다. "말한 사람은 그가 기쁘게 하려고

플랫폼들은
사람들의 참여로 살아간다.
그것은 교환을 의미하는데,
정보의 교환이 아니라
촉발의 교환이다.

의도한 것이 사람들을 불쾌하게 만든 것을 알아차린다." 이것은 뭔가 다른, 객관적인 것, 거의 물리적인 것으로 옮겨간다고 제안한다. 모든 악성 댓글에는 비뚤어진 도깨비의 어떤 측면이 있다. 내가 이것을 게시하지 않으면 다른 사람이 끼어들어 똑같은 작용을 할 거야,라고 악성 댓글을 올리는 사람은 생각한다. 이 방법 아니면 저 방법으로 악성 댓글은 올려질 테니까.

그리고 우리 모두의 내면에는 그 도깨비의 무언가가 있다. 여러분은 소셜미디어 상에서 기계적으로 반복되는 지나치게 진지한 대화를 본 적이 있는가? 그러다가 갑자기 그게 정말 우스꽝스럽고, 본론을 떠난 지엽적인 데로 흐른다는 생각이 들고, 거기에 여러분이 댓글을 달기에는 적절하지 않다는 생각이 들 때가 없었나? 여러분은 아마도 그걸 보고 낄낄거리다, 댓글을 올려볼까 하는 유혹의 순간들을 맞았다가, 대개의 경우 댓글을 달지 않을 것이다. 객관적으로 볼 때 바로 그 자리에, 비록 여러분이 악성 댓글을 다는 사람이 아니라고 해도, 아무도 악성 댓글을 올리지 않더라도, 마치 도깨비처럼 악성 댓글의 잠재성은 우리의 내면에 항상 존재하는 것이다. 페이스북에서 대화할 때 실명을 쓰는 여러분과는 달리 댓글은 거의 익명으로 올린다. 그러기에, 포의 도깨비는 우리의 자기 파멸을 향한 충동의 순간에 대한 것이었다면, 악성 댓글은 자기 파멸이 없는 모든 파멸을 만들어낸다.

컴퓨터 게임 용어로는 악성 댓글은 공훈이다. 악성 댓글을 올리는 사람들이 여러분을 감정적으로 자극하려고 하는 동안 올려진 악성 댓글들은 기계적으로 촉발된다. 거의 알람처럼 말이다. 여러분이 어떤 해시태그(역주: SNS 트위터에서 #특정 단어 형식으로 특정 단어에 대한 글이라는 것을 표현하는 기능)를 가지고 트윗할 때 어떤 특정 게시물을 공유하면 거기에는 특정 젠더(性), 특정 문구를 사용하는 사람들이 있다. 그것의 자동성, 누구를 특정하는지 모르는 공격의 구체성의 결여가 이 시스템의 파워 플레이의 한 부분이다. 그것은 "글쎄, 실은" 같은 형편없는 말로 요약되는 강박감이다. 문자 그대로 그들은 주체할 수 없다. 2018년 여름 저널리스트 새러 정Sarah Jeong이 〈뉴욕타임스〉 편집국에 합류했을 때, 우파 악성 게시자들이 그녀의 옛날 트윗을 파헤쳐 전후 관계를 무시하고 다시 게시했다. 그 이후로 거의 모든 그녀의 트윗에 여러 가지 악성 댓글이 달렸는데 그녀를 인종주의자로 부르거나 그녀는 백인을 싫어한다고 하는 식이었다. 2019년 2월에 올려진 한 악성 댓글은(나는 심하고 구역질나는 것 하나를 예로 선택했다.) "너는 해고됐어야 했어. 그런데 안 됐으니 우리가 너를 악플의 감방에 종신형을 선고하겠다."라고 올렸다.

새러 정의 트윗에 오류가 증명된 유언비어를 자동적으로 부착시키는 방법에 관해 뭔가 있다면 아마도 그것은 댓글이 자동화되었기 때문일 것이다. 그러나 그것에 대해서 더 재미있는 사실은 이것이다. 어떤 화가 난 백인이 경보장치를 설치해서 새러 정이 트윗 할 때 재빨리 그의 핸드폰을 통해서 인종주의에 대한 클레임을 제기한다. 이때 로잔느풍(역주: 미국 텔레비전 시트콤 시리즈에 나오는 주인공)의 비틀거리는 문법과 현기증나는 논리를 사용하는데, 이것은 봇(역주: bot, 컴퓨터 자동 처리 시스템)이 만들어내는 것과 식별하기 어렵다. 역 튜링 테스트(역주: The Turing test, 원래 모방 게임이라고 하는데 앨런 튜링Alan Turing이 1950년 기계의 능력과 지적 습관이 사람과 얼마나 차이가 나지 않는가 하는 점을 테스트한 데서 유래)라고 해두자. 이것이 그 악성 댓글을 올린 자가 새러 정에게 씌운 '종신형'의 일부로써, 컴퓨터 알고리즘처럼 교묘하게 작용하는 사람들이 만들어낸 '악성 댓글의 감옥'이다.

정보이론의 선구자들 중 한 사람인 랩프 하틀리Ralph Hartley가 1920년에 주장했듯이 소통 시스템에 의해서 옮겨지는 정보의 양은 선택의 자유의 직접적인 결과이다. 필요에 의한 신호는 '반드시' 새로운 정보를 옮길 수 없는 다른 신호를 따라가야 한다. 새로운 정보가 불필요한 것이다. 악성 댓글은 불필요한 메시지를 극단적으로 올린다. 악성 댓글을 올리는 행위 뒤편에 있는 이미지는, 한편으로는 여러분은 권력구조에 대드는 반란연합(역주: 영화 〈스타워즈〉에 나오는 Rebel Alliance)이라는 생각으로, 또 한편으로는 여러분은 죽음의 별(역주: 영화 〈스타워즈〉에 나오는 Death Star)이라는 생각으로 되어 있다. 여러분은 기계 안에 있는 유령이라는 느낌이고, 여러분은 권력 구조이고, 육신을 떠난 존재이고 탈개인화된 존재라는 감 말이다.

　수전 손택Susan Sontag이 1975년에 쓴 에세이《황홀한 파시즘》에서 주장하기를 "파시스트 예술은 항복을 찬양하고, 무분별을 찬미하며, 죽음을 미화한다."고 했다. 그녀는 파시스트 미학자들은 파시즘을 자연과 사회에서 전능한 권력으로 이해되는 것으로 규정했다. 그리고 그 권력을 공동의 목표로 삼으며 자랑스러워 했다. 이 미학자들은 공격자와 일체감을 느꼈다. 손택은 프로이트의 '죽음충동' 관념을 염두에 두고 있었다. 인간의 공격성은 빈번하게 우리의 죽음에 대한 무의식적 욕망, 주체가 종식될 때 갖게 되는 기쁨이 있는 무의식에서 흘러나온다는 아이디어 말이다. 우리는 온라인에 접속할 때마다 우리가 이해할 수 없는 알고리즘의 객체와 대면하게 된다. 악성 댓글을 올리는 사람은 자신이 블랙박스라고 우쭐댄다.

　스페인 파시스트들은 집회에서 어처구니없는 구호를 외쳤다. "죽음 만세!(Viva la muete, Long live death)." 악성 댓글을 다는 사람들도 이와 유사한 아이디어를 따르는데, 그것은 자아와, 진짜 메시지를 보내는 어떤 겉치레들도 파괴하는 것이다. 우리는 가끔 모든 것이 온라인 상에서 영원히 산다는 말을 듣는다. 우리는 젊은 사람들에게 그들의 소셜미디어 계정에 난처한 사진을 올리는

것을 경고한다. 새러 정 같은 악성 댓글 희생자들은 반대도 또한
참이 될 수 있다는 것을 발견하고 있다. 만약 반대도 참일 경우,
사람들은 그들이 온라인에 올린 모든 것을 빼앗아 가는 셈이다.
악성 댓글을 올리는 사람은 잠깐 들렀다가, 여러분을 자극하고,
그리고 여러분이 실제 악성 댓글에 공격당할 때까지 어떤 것이
든 가리지 않고 옮겨 나른다. 악성 댓글은 유령 같다. 그리고 그
게임에서 약간 당혹감을 느끼는 사람, 당신만 남게 된다.

욕망

어느 대학이든 그 주변에서 충분한 시간을 보내보라. 그러면 여러분은 대학생활에 꼭 참여하지 않고도 대학의 지적 생활에 접근한 영리한 사람들의 무리와 마주치게 될 것이다. 그들 그룹들은 교수진에 포함된 게 아니다. 그들 그룹에 교수진이 참석한다면 그 자리에 있는 게 혼란스럽고 약간 어색하게 보일 것이다. 그들의 모임에는 어떤 학생도 없는데, 사회자는 필시 그 모임을 떠나는 것은, 학생들의 잘못임이 틀림없다고 탄식할 것이다. 수강생들은 공동체의 은퇴한 사람들로 되어 있는데, 이 사람들과 대학과의 연계는 대학이 이들에게 확대 발급해준 체육관 이용카드를 소지한 것 정도이지, 도서관 카드까지는 아니다. 이 사람들은 전체적으로 기부자들 같은 분위기가 있다. 비록 그들이 실제 기부를 한 것을 보인 적은 없지만 말이다.

이들 써클들이 가지고 있는 편향은 대학에 따라서 다양하지만, 써클 회원들 말로는, 회원들 대다수의 생각엔, 대학들이 가르치는 데에 너무 겁 많고 소심하다는 것이다. 비슷한 연령대의 초빙된 학자들이나 은퇴한 지방 치과 의사들이 거장들의 작품을 매주마다 되씹어 강의하는 것이 이곳에서 행해지는 인습 타파의 흔적이라는 사실이다. 거기에는 전반적으로 진행에 대한 불만의 색채가 있다. 그들이 비양심적으로 묵살되었다는 가장 눈에 띄는 징후는 그들이 대학 부속 예배당 뒤편, 동창회 사무실 같은 데서만 만나야 한다는 사실에 있다. 이런 종류의 모임들에게 끌리는 사상은 한결같이 대담하고, 필연적으로 위조된 사상이다. 그들은 거의 아무 것도 설명하지 못하는 모든 논리에 이끌리는데, 그 논리는 세계의 변화보다는 자기현시적인 경향이 있는 것이다.

스탠포드 대학 캠퍼스에는 이런 그룹들 중 하나로 르네 지라르(역주: René Noël Théophile Girard 1923~2015, 프랑스 역사가이자 문학비평가 그리고 사회과학 철학자)를 따르는 사람들이 있다. 지라르는 종교와 문학의 학자였는데 2015년에 타계했다. 지라르는 예

르네 지라르

상 밖으로 실리콘밸리의 전도사였다. 그는 학자형 작가였는데, 두드러지게 눈에 띄었던 인물은 아니었다. 그는 새로이 움트는 기술산업이 자연스럽게 흥미를 갖게 될 과목을 가르치지 않았을 뿐 아니라, 그의 저작이 기술에 대해서 건드리지도 않았다. 더구나 그는 그가 태어난 프랑스에서 최고로 유명했는데, 2005년에 프랑스 학술원(아카데미 프랑셰즈, Academie Francaise) 회원이 되었고 권위 있는 상들을 탔으며 공공 지식인으로 인식되었다.

그의 저서 《폭력과 성스러움》(1972) 그리고 《희생양》(1982)은 종교와 문학 연구, 인류학 그리고 철학분야 등의 학계에 광범위한 영향을 주었다. 그런데 이 영향은 대학 캠퍼스 그리고 가톨릭 신학대학에 폭넓게 집중되었다. 그러므로 지라르가 우리 실리콘밸리 이야기에 중요하게 다가온 것은 지리적 이유가 주 요인이 된다. 1981년 스탠포드 대학교 비교문학과 교수직을 수락하면서 그는 실리콘밸리의 지적 역사에 일부 참여하게 된다. 그는 그 후 팔로 앨토에서 그의 남은 생을 보내게 된다.

자석처럼 끄는 힘이 강하고 스케일이 큰 사상가였던 지라르에 영향을 받은 제자들 가운데 일부 세대가 오늘날의 실리콘밸리를 만들었다. 누구보다 피터 틸을 포함해서 그들은 엄청나게 성공했고, 그들은 부의 일부를 지라르의 복음을 전파하는데 사용했다. 틸이 1985년 스탠포드에 도착했을 때 지라르에 대해서 이렇게 기술했다. "거기에는 이 매우 흥미로운 교수님께서 세상 일과는 다르게 간주되는 강좌를 개설하고 계셨는데, 그분의 사상은 언더그라운드에 스며들기 시작한 사상들 가운데 하나였다." 틸이 고등교육을 탐탁하게 보지 않는 가운데에도 오직 지라르와의 행복한 추억은 가지고 있는 것 같다. 틸은 "2100년경에 20세기 역사가 써질 때면 선생님은 진정 20세기의 가장 위대했던 지성 가운데 한 분으로 비쳐질 것이다."라고 그의 믿음을 말했다.

우리가 욕망하는 모든 것에는 모방성이 있다

2006년에 세워진 틸 재단은 지라르의 '모방욕망 이론'을 전파시키는 역할을 활발하게 수행하고 있다. 그것은 틸 펠로우십, 그리고 작은 회사들을 위한 인큐베이터 프로그램과 함께 틸 재단의 3대 중점 사업 가운데 하나이다. 재단 내 '이미태시오(역주: Imitatio, 모방이란 뜻) 그룹'은 책 시리즈물 간행, 정기 간행물, 그리고 회의들을 개최하는 데에 자금을 지원하고 있다. 그 재단의 지원 덕분에 지라르 추종자들의 영향은 멀리까지 미치게 되었다. 그들은 스탠포드 대학교 내에 있는, 엄청난 재력을 자랑하는 후버 재단과도 잘 연결되어 있다. 보다 최근에 이미태시오 직원들은 도널드 트럼프의 인수위원회에 지적 분야에 인력을 제공했는데, 여러분은 스탠포드 대학 캠퍼스 주변에서 지라르의 작품에 대해서 논의하는 패널에 합류하려고 했던 사람들이 갑자기 트럼프 타워에 있는 사무실에 들어가는 것을 보게 될 것이다. 이는 인문학 이론은 제켜두고라도 모든 학문 이론의 궤적으로 보더라도 좀 불가사의한 일이다.

그렇다면, 정확하게 지라르가 가르친 것이 무엇일까? 지금까지보다 더욱 어리둥절하게 될 준비를 하라. 왜냐하면 뒤에 나오는 것들이 전혀 흥미롭지 못한 것이라 하더라도, 지라르에서 틸, 그리고 트럼프 타워까지 가는 길이 정확하게 직선이 아니기 때문이다. 지라르는 인간의 모든 욕망은 모방성이 있다는 것을 자신이 발견했다고 믿었다. 당신이 욕망하는 어느 것이든, 그것은 같은 것에 대한 다른 사람의 욕망이 거울에 비추어진 모습이다. 우리의 욕망은 우리의 것이 아니다. 욕망은 우리에게 저절로 일어나는 즉흥적인 것도 아니고, 우리가 원하는 대상의 특성에서 발생하는 것도 아니다. 지라르는 우리가 우리 자신에게 욕망에 대해서 말하는 얘기나, 그리고 욕망이 어떻게 오는지, 그게 우리가 원하는 대상으로부터 오는 것이라거나, 아니면 우리 자신으로부터 온다고 얘기하는 것을 '낭만적인 거짓'이라고 부른다. 그러면서 그는 우리의 모든 욕망은 복제된 욕망의 네트워크로부터 온다고 일갈했다. 우리가 좋아하는 것은 다른 사람이 좋아하는 것이다. 아마도 이 이론에 경도된 어떤 사람이 마크 주커버그가 그의 첫 번째 계획으로 만든 페이스북의 가치를 보았더라도 크게 놀라지는 않을 것이다.

우리가 다른 사람들이 원하는 대상과 필연적으로 같은 것을 욕망하기 때문에 그 대상에 대한 갈등은, 욕망 그 자체에 내재된 본성만큼 불운한 사고가 아니다. 어느 사회든 모방욕망은 끝없는 경쟁과 갈등을 창출한다. 그러나 우리는 모든 사회 또한 모방욕망에 의해 초래된 폭력의 희생자를 끝없이 새롭게 갈아치우는 엄청나게 많은 방법들을 발견한다. 지라르에 의하면, 사회가 하는 주된 방식은 희생양 메커니즘이다. 어디에나 있는 모방 경쟁자를 완전히 결백한 대상과 교체시키는데, 그것이 희생양이다. 거의 모든 제례의식이나 문화는, 지라르에 따르면, 이런 교체를 완성시키는 메커니즘으로 구성되어 있다. 이런 끝없는 희생화 작업이 노골적으로 눈에 띄는 일은 드문 예였으며, 더구나 이 교체 메커니즘이 스스로 드러낸 경우는 극히 드물게 나타났다. 예수가 십자가에 처형되기 전까지는 말이다.

하느님이 자기 아들을 희생양으로 죽게 내놓은 것으로 인하여 그 메커니즘의 역학구조는 극적으로 눈에 띄게 되었고, 그것은 어느 면에서는 맞불이었다. 지리르가 생각하기로는, 여기서 현시된 것은 모방욕망의 작동원리이고, 그리고 그 작동원리가 인간을 모방욕망으로 몰아가는 것이다. 그 계시가 약속하는 구원은 기본적으로 자기이해이다. 우리가 우리의 욕망의 구조와 그 구조를 만드는 것이 매우 위험하다는 것을 이해한다면 우리는 욕망을 극복하는 법을 배울 수 있다. 여러분은 이 이론에 관해서 무엇이 신학자들이나 인류학자들에게 호소력을 갖게 할지 짐작할 수 있지만, 스탠포드 학부생들이 이 이론에 뚜렷한 흥미를 가지고 기술산업에 연계시키는 상상을 하기는 훨씬 어려울 것이다.

첫째로 그들을 매료시킨 것은 모방이론이 대담하게 통합적이라는 점이다. 오래도록 학문의 다공성(多孔性) 경계를 가지고 있다고 특징지어진 스탠포드 대학에서조차 지라르의 사상은 범위가 넓었다. 틸은 지라르를 가리켜 "마지막 위대한 박학다식한 학자이며 정말 모든 것에 흥미를 가지고 있는 사람들 중의 한 사람"이라고 불렀다. 지라르는 인정받은 경계, 혹은 전통의 경계 사이, ‒ 연구 분야 사이, 역사적 시기 사이, 학문의 분야 사이 ‒ 를 뛰어 넘은 대담한 활력에 대해서 얘기했다. 그리고 그는 대학은 아마도 더 이상 그런 대담성이 있는 곳이 아니라고 시사했다. 성공하기 위해서는 전통의 경계 위에 자리 잡은 모든 방식을 바꿀 필요가 있다고 느낀 일단의 혁신자들이 지라르의 큰 이야기에서 영향을 받았다는 것은 의심할 여지가 없다.

지라르로부터 틸이 얻을 수 있었던, 그러나 필수적인 것은 아니었던 아이디어는 사람들은 근본적으로 양떼라는 것이다. 틸에게 모방이론이 드러내어 설명해준 것은 "어떻게 많은 다른 정황들 안에서 사람들은 양떼와 같이 불안하게 되는가?"였다. 모방이론이 그가 양떼가 되는 것으로부터 벗어나게 도와준 점과, 동시에 그 양떼를 조종하는 것에 도움을 주었다고 틸은 생각한다. 여러분은 아마도 모방이론의 원래 주안점이 이런 특정한 아이디어, 즉 사람들이 양떼와 같다는 생각으로 이어지는 게 잘 와 닿지 않을 수도 있겠다. 그러나, 이것은 말하자면 행동 심리학에서 라기보다는 다분히 틈새이론에서 가지고 온 식견이었다. 2009년에 틸이 인터뷰했던 대로, 완전히 상투적인 것을 '일반적인, 압축되고 비밀스러운 지식'으로 틸이 재구성할 수 있었던 것이다. 달리 말하면, 극히 일부 사람들만 이해할 수 있는 용어와 참고 자료들을 벗겨내면, 지라르가 틸에게 준 신비한 지식은 그의 특별한 환경의 일반상식과 크게 다르지 않다.

그러나 틸이 지라르를 받아들이는 데에는 정치적인 관점도 있었다. 1980년대까지 전체적인 학계의 추세는 장대한 서술들을 포기하고 있었다. 그리고 1987년 스탠포드 대학은 행동가 그룹들로부터, 심지어 제시 잭슨 목사(역주: Jesse Louis Jackson, 미국의 정치행동가, 침례교 목사, 정치인. 콜럼비아 주 상원의원 역임)로부터도 압력을 받았고, 그리고 서양 문명에 대한 연속 강의를 끝내기로 결정했다. 틸 같은 사람들은 지라르가 오래된 유럽 중심의 규범적인 고전들을 읽은 사람이라는 것을 알게 되었고, 그리고 무엇보다, 지라르는 그들에게, 의도하지는 않았어도, 그들의 대학 캠퍼스의 특정한 순간에 대하여 생각해 볼 수 있는 적절한 어휘를 제공해 줄 수 있는 사람이었다는 것을 발견했다. 지라르는 끝없는 폭력의 순환을 경고했는데, 그 폭력의 끝없는 순환은 '반-폭력이라는 이름으로 수행되는 곳'에서 이루어질 수 있다는 것이다. 틸은 1995년에 《신화의 다양성: 캠퍼스의 다문화 그리고 정치적 불관용》이라는 제목으로 스탠포드 대학교의 급진적 인종정책에 관한 책을 썼다. 틸 그리고 공저자(후일에 페이팔 마피아소 멤버) 데이비드 오 색즈(역주: David Oliver Sacks, 페이팔 중역, 벤처캐피탈회사 창업자)는, 그들이 집단사고라고 묘사한 것에 대해서, 그리고 보수적인 학생들이 박해를 받고 있다고 탄식했다. 틸은 다문화주의는 "서양의 종교와 문화 전통의 진전을 대표하는 대신" 그것의 왜곡이라고 주장했다.(역주: 틸과 색즈는, 이 책이 정치적 정당성과 대학교육의 다문화에 대해서 비판하며 그것이 대학의 학문적 엄밀성을 희석한다고 주장했다. 이 책은 당시 학장이던 콘돌리자 라이스와 스탠포드 대학교 총장이었던 저하드 캐스퍼로부터 스탠포드 대학을 커리큘럼으로 묘사하지 않고 만화로 그렸고, 그들의 해석은 선동적이고 단순하다라고 비판을 받았다. 2016년에 틸은 그가 이 책에서 언급한 두 가지에 대해서 사과했는데 그 하나는 "성폭력 위기 운동의 목적은 남자들이 마치 성폭력을 염두에 두고 있다는 것처럼 느끼게 한다." 이고 둘째는 "다문화 성폭력은 뒤늦은 후회, 여성이 성폭행 당했다는 것을 하루 아니면 며칠 뒤에서야 '깨닫는' 것에 지나지 않는 것일 수 있다."

였다. 그는 20년도 넘은 때에 이 책을 데이비드와 썼는데 몇 가지 무분별하고 조잡한 것을 주장했다. 전에도 한번 얘기했듯이, "다시는 이 같은 것을 쓰고 싶지 않다. 유감이다. 모든 형태의 성폭력은 범죄다."라고 사과했다.)

혼란은 옛 것을 좀 더 효율적으로, 흥미진진하게, '뭔가'가 있는 것처럼 만든다

그러나 지라르의 모든 저술은 지난 시절의 고전을 비틀어 표현했다. 모든 인정받은 작가들은 지라르의 저술에 있고 그리고 그들은 아직도 위대하다. 그 이유는 그들이 전에는 알아내지 못했던 새로운 것으로 위대한 것이다. 지라르는 문화적 전통이 중요하지만 동시에 그것의 혼란도 중요하다는 것을 재확인했다.

'혼란'이라는 개념에는 여러분이 감지할 수 있는 묘한 긴장이 있다. 혼란이 전에 있었던 무엇이든 전혀 존중하지 않고 단절하는 것처럼 보일 수 있다. 그러나 실은 그것은 자주 무엇이든 있었던 것의 단순한 재배열을 추구한다. 그것은 이미 주어진 것에 대한 깊은 충성으로 되어 있다. 혼란은 옛 것을 좀 더 효율적으로, 좀 더 흥미진진하게, 좀 더 '뭔가'가 있는 것처럼 만드는 것을 추구한다. 그러나 옛 것에 있었던 것을 통째로 제공하기는 원하지 않는다. 이런 점이 혼란의 제스처들이 항상 급진적이지만, 그것의 효과는 절대 사과 수레를 통째로 뒤엎지는 않는 것이다. 우버가 택시를 부르는 경험에 '대변혁'을 일으켰다고 주장하지만 그 경험의 많은 부분은 옛 것 그대로 남아 있다. 우버가 애써서 버린 것은 안정된 직업, 노조였고, 그리고 무엇보다 기업 전체에서 우버가 돈을 버는 것을 버렸다.

지라르는 정확히 이런 틀 안에서 전통을 혼란으로 만든 사람이다. 지라르를 읽기 전에 여러분이 중요하다고 생각했던, 사상가이거나 시인이거나 누구든지는 여러분이 지라르를 읽고 난 후에도 여전히 중요하다고 생각할 것이다. 여러분이 죽은 백인들이 쓴 글들을 정말로 꼭 읽어야 한다고 생각했다면, 지라르를 읽고 나서도 그렇게 생각할 것이다. 그러나 지라르는 왜 그들이 중요한지에 대한 전혀 새로운 이유를 가르쳐 줄 것이다. 지라르의 철학은, 달리 말하면, 실리콘밸리가 혼란에 빠진 방식과 정확하게 일치한다. 철학자 대니얼 디닛Daniel Dennett이 언젠가 말했듯이 지라르는 "정통 고전의 과장된 재기술(再記述)"을 했던 것이다.

지라르의 사상은 매력적으로 광범위한 것을 추구하지만, 동시에 편집광적으로 집중하는 면도 있다. 이 분야 또는 저 분야에 절충하여 분방하게 섭렵하기 보다는 그는 항상 이런 이념, 저런 이

넘에 있는 일종의 마스터 코드(역주: MasterCode, 다른 최소 초대칭 표준 모델 〈MSSM〉 버전을 현존 실험 데이터에 맞도록 허용하는 컴퓨터 코드)를 찾았는데, 그에 따르면, 이 작업은 광대한 문학 작품들, 종교적 관례, 인류 신화, 사회 현상, 그리고 역사적 사건들의 총 집합체를 통합하는 것이다. 여러분이 모방욕망의 책략을 들여다보는 방법을 안다면, 그 책략을 《길가매시》의 서사시, 그리고 마르셀 프루스트의 《잃어버린 시간을 찾아서》의 뒤에, 광고, 그리고 도스토예프스키의 뒤에 놓아 보아라. 그렇게 하려면 틀림없이 눈을 가늘게 뜨고 집중해야겠지만 그 모방이론은 당혹스러운 여러 현상들의 범위를 일종의 깔끔한 환원 상태로 만들어 줄 것이다.

청소년들 또는 따분하게 한가지 것에만 몰두하는 사람들은 사회적 신호에 대해서 잘 몰라서 관심을 두지 않는데, 그 두 그룹 모두에게도, 인류 사회 그리고 역사의 당황스런 다양성을 담은 인류학을 소화하기 쉬운 소이렌트(역주: Soylent, 대체식품의 상품명, 단백질, 탄수화물, 지방질, 미량 영양소가 혼합된 식품)로 쉽게 순화시키는 방법을 찾아낸 어떤 것을 좋아하게 되는 게 아마 놀라운 일이 아닐 것이다. 여러분이 모든 욕망에는 모방성이 있다는 것을 알게 되면 어디에서나 그 예를 찾을 수 있다. 틸 자신이 한 인터뷰에서 지적했듯이 모방이론을 알게 되면 "이것은 정말 그 모방이 일어난 경우이네."라고 말하게 될 것이다. 모방이론을 알

지라르의 철학은
실리콘밸리가
혼란에 빠진 방식과
정확하게 일치한다.

지라르는
"정통 고전의 과장된 재기술(再記述)"을 했다.

게 된 덕택에 여러분은 여러분 주변에 있는 사람들보다 항상 더 많이 알게 된다. 모방이론 덕택에 여러분은 가깝게 볼 수 있는 어떤 것에게도 필요한, 유용한 특권을 얻을 수 있게 된다.

지라르의 주장을 믿으려면 아주 특별하게 생각해야 할 부분이 있다. 그의 동료 조슈아 랜디Joshua Landy가 언젠가 지적하면서 물었던 것은 모방이론이란 이렇게 되어져야 하는 게 뭐냐는 것이다. 만약에 지라르의 주장이 문자 그대로 모든 욕망에는 모방성이 있다는 것을 뜻한다면, 이것은 논증적으로 잘못일 수 있다는 것이다. 그것이 필요(대상의 특질을 의미)와 단순한 즐거움(욕망에 투사된 특질을 의미)이 혼합된 것이라면 무어라 말할 것인가? 거기에는 다른 욕망들이 모방해야 할 첫 번째 욕망이 있어야만 하는가? 이 첫 번째 욕망은 모방된 것이 아닌가? 우리가 선택한 욕망으로부터 우리는 어떻게 매개체를 결정하는가? 이런 결정은 자율성을 요구하는 게 아닌가?

달리 말하면, 만약 지라르의 주장이, 많은 욕망에 모방성이 있다는 것이라면, 우리는 왜 그런 뻔한 말을 주장하는 이론을 필요로 하는지 물어야만 한다는 것이다. 모방욕망이 있다는 아이디어는 너무나 뻔해서 그런 이론을 갖는 것은 어떤 고양이들은 심술궂다는 이론을 갖는 것과 비슷해진다는 것이다. 그 말은 맞다. 그러나 프랑스 학술원에 오점을 남길 문제인가?

그러나 랜디가 언급하지 않았던 것이 있다. 그 보편성을 가장한 것(역주: 지라르의 이론에 대한 랜디의 비평)과 상투적이라고 하기에는 너무나 자명한 것에 대한 보다 겸손한 주장이 있는 곳(역주: 르네 지라르의 모방 이론)과의 사이에 있는 이 미지의 공간에 대해서 그는 말하지 않았다. 이 공간, 실리콘밸리의 범세계적 선언, 인류가 항상 원했던 선언의 고향이며, 모든 사람들의 필요가 있는 것, 등등의 고향이 있는 공간에 대해서 말하지 않았다. 그리고 각각의 경우(역주: 지라르의 이론에 대한 랜디의 비평)에는, 그(역주: 지라르의) 주장이 갖춰야 된다고 추정되는 보편성의 부재를 콕콕 찌르는 최악의 스포츠맨십이 있는 것처럼 보인다. 이런 것은 동조하기에 재미있는 것이다. 내가 말하고자 하는 요점은, 지라르가 독자에게 요구하는 일종의 믿음은, 많은 기술산업 전도사들이 그들의 청중들에게 습관적으로 요구하는 일종의 믿음과 같은 것이라는 점이다. 그리고 어쨌든, 왜 믿어서는 안 된다는 것인가? 보편성을 가진 진짜 맞는 것을 주장하기에는 이렇게 너무 단순하고 너무나 우아해서는 안 된다는 말일까? 사람들이 항상 X를 욕망했을까? 아니면 모든 Y는 실제로 Z였을까? 이런 특질에 대한 진술(역주: 랜디의 비평같은)은 진리에 대한 주장이라기보다는 '사용자 경험'으로서 진술 그 자체를 파는 것이다.

이런 주장들은 맬콤 글래드웰Malcolm Gladwell, 그리고 조나 레러Jonah Lehrer의 책들에서, 그리고 테드 톡과 토론 등에서 사용

테드 톡 장면

된 논쟁적인 책략들이다. "우리가 X일 거라고 간주한다."라고 하는 진술은, 실제로 짧은 반향이 우리에게 말하는 것은 〈아니다〉이다. 고로, "우리는 X같이 멍청한 어떤 것에도 그럴 것이다라고 간주하지 않는다."라는 게 그들이 주장하는 진술들이다. 어떤 연구의 완전하게 타당한 발견을 일반화라는 이름으로 폭파시키는 진술들은 저자에게 심장마비를 일으키게 할 수 있다. 진부한 학식을 장황한 언사로 재포장하여 제안하려고 했던 그들의 진술들은 그 타당한 발견이 완전히 반직관적이라는 것이다.

지라르의 이론들은 실리콘밸리가 주장하는 것들보다 훨씬 흥미롭다. 그런데 실리콘밸리가 어떤 특정한 종류의 사상가를 붙잡고 호소하는 것은 인지공정에 의존하는 것과 매우 유사하다. 어쨌든 이런 허술한 책략들은 그들의 호소의 일부이다. 우리는 그 호소에 동조하도록 초대되었다. 동조하지 않을 경우 우리는 질책받을 위험이 있다. 만약 이것이 참이 되려면, 그 주장이 타당성이 있게 되려면, 그 주장이 진짜로 반직관적이 되려면 이처럼 즐겁거나 우아해서는 안 된다는 얘기인가?

그렇다면 궁극적으로 지라르의 성공이 우리에게 말해 주는 것은 실리콘밸리에서 '믿음'이 어떻게 작용했는지에 대한 것일 수 있다. 물론 종교적 믿음과 언변 좋은 족속, 실리콘밸리의 영리한 사람들의 믿음을 비교하는 것은 온당하지 못하고 바보 같은 생각에 빠지는 것일 수 있다. 그러나 그 어느 산업보다도 기술산업 회사들이 수사법과 제례의식을 계속 이어오는 것으로 보이는 점은, 여러분에게 천막 부흥회를 상기시키게 할 것이다. 종교적인 면을 거의 충족시키지 못하는 만트라 같은 말투, 메시아적 구루, 천재의 컬트 등 말이다.

지라르는 그의 철학이 철학적 인류학, 다시 말해서 인간들이란 무엇이다, 라고 그려지는 학문으로 이해되기를 전혀 의도하지 않았을 가능성이 높다. 대신에 그는 그의 철학을 하느님과 상호 의존하는 세계를 그린 신학으로서 의도했을 수 있다. 후자가 더 그럴듯하다고 생각되게 하며, 지라르의 감성독자들이 대부분 신부들이었다는 것이 결코 우연이 아니다.

그리고 실리콘밸리에 한해서는, 지라르 이론의 신학적 요소는 버그(역주: 컴퓨터 작동 오류)로서 인지되기 보다는 격식을 잘 갖춘 철학으로 인식될 수도 있다. 다음과 같은 의문들 때문이다. 지라르의 이야기가 많은 기술산업가들이 '철학이 이런 것이다'라고 오해하는 요소가 없는 대신, 그들이 그들에게 철학으로서 제공되어진 것이 사실은 철학이 아닌 것으로 직관할 가능성이 있는 것일까? 틸이 지라르의 주장을 일종의 실리콘밸리가 성공하는데 많은 공헌을 했다는 믿음에 대한 교리문답과 유사한 것으로 틀림없이 인식할 가능성이 있을까? 지라르의 주장이 기술산업 CEO들에게 성직자의 매혹을 구현하도록 할 가능성이 있을까?(역주: 이 책의 저자는 지라르의 모방이론은 논리를 갖춘 인문학적 철학으로 볼 수는 없고, 오히려 믿음이나 직관을 바탕으로 한 신학적 요소가 있지만, 실리콘밸리에서는 지라르의 이론을 철학으로서 인식하고 있을 가능성이 높다는 느낌을 피력하고 있다.)

2009년 틸은 그가 세운 기관에서 가진 한 인터뷰에서 대니얼 랜스Daniel Lance로부터 지라르에게서 받은 어떤 교훈이 그의 사업을 운영하는 데에 적용됐는지에 대해서 질문을 받았다. 그의 대답은 명료했다. 그는 지라르의 모방이론이 '기업 내의 갈등을 어떻게 피할 것인가'에 대한 그의 생각과, 그리고 '내부 의견 불일치의 역효과'를 줄이는데 도움을 주었다고 간주했다. 그 대답을 대단히 흥미롭게 만든 것은, 틸은 모방이론이 주장하는 것은,

그의 기억으로는, 반영되는 욕망 사이의 갈등은 거의 필연적이어서 실제로 어떻게 그 갈등을 피할 수 있는가를 말해준다고 생각하는 점이다. 이 이야기에는 모방욕망의 나쁜 효과를 눈에 보이게 말해주는 예수는 없다. 그러나 거기에는 스타트업에 씨를 뿌리기 위해 함께한 영리한 젊은 무리가 있다. 기술이 우리를 자유롭게 하리라.

아니면 아마도 그것의 반대일 지도 모른다. 저널리스트 제프 슐렌버거Geoff Shullenberger가 시사했듯이, 틸은 제물(祭物)종교를 기술로 봤을 수도 있다. 틸은 기술을 "적은 것으로 더 많이 한다."로 정의하기를 좋아한다. 희생양 메커니즘이 아마 적은 것으로 많이 하는 한 방법인가? 아니면 이 메커니즘을 극복하는 것일까? 틸이 만든 회사가 대부분의 돈을, 끝없는 상호 지위에 대한 평가와 보상이 알고리즘적 욕망으로 발현되는 게 전부인 페이스북으로부터 번다는 사실에 충격받지 않는 것은 쉽지 않다. 그러나 이보다 충격적인 것은 아마도 틸이 같은 메커니즘이 다른 면의 알고리즘, 즉 코딩하는 사람들, 디자이너, 경영자들, 투자자들의 알고리즘에도 작동될 것으로 생각하는 것처럼 보인다는 데에 있다.

그 아이디어에는 온전한 세계관이 담겨 있다. 회사가 흔들리는 것은 경쟁이나, 아니면 술책에 걸려서, 또는 지나치게 느리거나 빠르게 성장한 것 때문에 있는 게 아니라, 똑같은 것을 갖기 원하는 다수의 우두머리 수컷들 사이의 대인 갈등에 있다고 보는 세계관이다. 이런 갈등은, 이 갈등에 관련된 사람들이 그들이 진짜 서로 너무나 닮았다는 것을 깨달았을 때 해결될 수 있다는 세계관이다. 틸의 세계는 비록 인간 사회와 인간 사회가 만든 모든 혼란으로부터 도망치기 위해서 국제적인 바다 위에 문자 그대로 인공섬을 띄우려고 추구하지는 않는다고 하더라도, 섬처럼 배타적이며, 극단적인 갈등 혐오이고, 그리고 차이에 대한 알레르기적 반응이다. 물론, 그것은 다수의 스탠포드 동문출신의 남자애들에 의해 운영되어 수십억 달러를 버는 회사에 투자한 것을 콕 집어 하는 얘기, 아니면 그 잘나가는 남자애들에 의지하지 않고 산산조각 난 경우의 얘기에 한정된 것만은 아니다. 이 상황은 지라르의 이론에 100퍼센트 맞는 사회적 형태를 구성하는 것일 수 있다.

모방이론에 대한 실리콘밸리의 자의적 해석

2012년에 스탠포드 대학에서 행한 한 세미나에서 거론된 몇 가지 아이디어가 2014년 틸의 책《0에서 1(Zero to One)》에 수록되었다. 그 중 몇 가지 점이 시사하는 것은 예수 그리스도가 희생되었던 것과 같은 희생양 메커니즘에 회사 CEO가 희생될 수 있다는 것이다. 이 독특한 아이디어는 이 책의 공저자인 블래이크 매스터즈Blake Masters의 수업 노트에 보이기는 하지만《0에서 1》에 직접 나타나지는 않았다. 그러나 틸의 이 희생양 세계관이 울리는 것을 들을 수 있는 때는, 특히 지금은 없어진 뉴스와 논평 사이트인 고커Gawker에 대해서 틸이 아합왕(역주: Ahab, 이스라엘 제 7대 왕)처럼 앙갚음한 것을 정당화했을 때처럼, 자기 자신을 공격에 대한 방어라고 정의한 것을 믿을 때이다. 2016년부터 이어진 인터뷰에서 틸은 반복해서 고커는 불리(역주: bully, 불량배, 괴롭히는 자)라고 얘기하고, 고커가 많은 부유하고 유명한 사람들을 추적한 경험에 대해서 통탄했으며, 그 사람들을 고커의 희생자들이라고 불렀다. 놀랍지도 않게, 극도로 영향력 있는 사람들이 자신들을 희생자라고 내던지는 것을 허용하는 아이디어는 실리콘밸리에서 흔하다. 지라르의 아이디어는 가장 철학적으로 야심적이고, 그리고 역사적으로는 문학적 버전에서만 잘 통할 지 모르겠다.

우리는 방금 부유하고 영향력 있는 사람들이 진짜 희생자라는 아이디어를 접해 보았다. 틸에게는, 모방욕망은 우리가 우리 자신을 통해서 지배할 수 있는 것이다. 다른 사람이 그 모방욕망을 잘 지배하지 못하거나, 충분히 그 지배를 느끼지 못하면, 우리의 자기이해는 우리를 다른 사람들을 조종할 수 있는 위치에 올려놓는다. 지라르의 이 버전에는 아인 랜드의 확실한 반향이 있다.

뿐만 아니라 동기부여의 구루 토니 로빈스Tony Robins의 좀 더 진부한 반향도 있는데, 그는 모방욕망이론은 인간을 타락한 창조물로 전락시키는 마케팅의 속임수라고 재추정한다. "우리는 구원받을 수 있다."라고 말한 다음, 눈을 돌려 다른 사람의 죄악을 현금화하는 속임수라는 것이다.

실리콘밸리 내의 지라르 추종자들은 자신들을 극소수만 소유하는 비전적(秘傳的) 지식을 간직하고 있는 사람들이라고 생각할 뿐만 아니라, 이 지식이 또한 그들에게 다른 사람들의 지도자가 되는 능력을 준다고 믿는다. 이 점이 왜 기술산업 종사자들 그리고 학자들이(이 두 그룹은 곧잘 이런 종류의 착각에 잘 빠진다.) 특히 모방이론에 끌리는지를 확실하게 보여준다.

지라르의 모든 읽을 만한 것들을 실리콘밸리가 직관적으로 움켜잡고 손에 넣는 동안, 거기에는 제인 스탠포드 길(역주: Jane Stanford Way, 스탠포드 대학 공동 창립자 Jane Elizabeth Lathrop Stanford의 이름을 딴 스탠포드 대학교 내의 도로 명)에서 샌드 힐 길(역주: Sand Hill Road, 실리콘밸리에 있는 길, 뉴욕의 월 스트리트가 주식시장의 대명사인 것처럼 샌드 힐은 실리콘밸리의 상징적 길이다.)에 있는 벤처캐피털회사에 이르는 짧은 여행 속으로 편리하게 사라져 버리는 것으로 보이는 다른 사람들이 있다. 한가지 면에서 지라르의 이론은 가차없이 비관적이다. 어쨌든, 지라르에게는 그리스도가 우리를 구원하기 위해 죽지 않았고, 오히려 우리의 끔찍한 곤궁을 가시화하기 위해서 죽은 것이다. 지라르의 말이 가끔은 우리의 자기이해가 우리를 모방욕망에서 다소간 자유롭게 해줄 것처럼 들리지만, 지라르는 그 점에 관하여 전적으로 확신하지는 않았다.

피터 틸이 같은 문제에 대해서 얘기하는 것을 들으면, 그가 이 문제에 대해서 놀랄 만큼 빈번하게 말하는데, 여러분은 지라르의 버전과 완전히 다른 버전을 듣게 될 것이다. 틸의 버전은 훨씬 더 낙관적이다. 그것은 신학대학에 있는 지라르의 독자들이 기독교도로서 보는 방식으로서의 낙관이지만, 지라르의 오리지널 버전으로부터 조금 돌아가는 길을 택한 것 같은 방식이다. 지라르는 인간 공동체에 대해서 천부적인 알레르기가 있는 것처럼 보인다. 그가 공동체의 중심에 있는 폭력을 본 것을 감안하면 다르게 추정하기 힘들다. 지라르는 그의 구원의 희망을 자기이해 안에 놓았다.

틸은 지라르의 사회에 대한, 군중들에 대한, 정치에 대한 메스꺼움을 공유한다. 그러나 틸은 생각이 비슷한 모방이론이 '기업 내의 갈등을 어떻게 피할 것인가'에 대한 그의 생각과, 그리고 '내부 의견 불일치의 역효과'를 줄이는데 도움을 주었다고 간주했다. 지라르가 페이팔 마피아(역주: PayPal Mafia, 페이팔의 전 창업자들 그리고 종업원 모임, 이 모임 창설 후 많은 기술 기업들을 추가로 창립했다. 예를 들면 Tesla, Inc., LinkedIn, Palantir Technologies, SpaceX, Affirm, Slide, Kiva, YouTube, Yelp, and Yammer. 등이다. 그들의 대부분은 스탠포드 대학 출신이고 아니면 일리노이 대학 출신이다.)가 모방욕망의 해결책이라고 생각했는지는 많이 의심스럽다. 틸은 페이팔 마피아를 성스럽다고 표현할 만큼 좋아한다.

지라르의 아이디어는 기술산업과 학계 사이를 지나는 또 다른 근접비행이다. 지라르를 따르는 사람들은 그의 이론이 학계 안에서 주변부에 머무른 것을 탄식할 것이고, 틸조차도 탄식한다. 그러나 비밀스럽든, 또는 공개적이든, 그 주변성은 틸 같은 사람이 지라르에 끌리는 점이다. 왜냐하면 지라르 안에서 여러분은 여러분의 직관을 소수만 이해하는 지식으로 재포장하여 갖기 때문이다. 여러분은 모든 것의 중심에 남아 있으면서도 반대에 있다는 느낌을 갖는다. 여러분은 모든 권력을 가지고 있으면서도 희생자 같다는 느낌을 갖는다. 그리고 이것이 곧 우리가 살펴볼 실리콘밸리의 가장 비밀스러운 비밀 욕망일지도 모른다.

'혼란'은 경제학 강의의 무미건조한 특성과 우리의 일상적 경험을 경이로운 방법으로 통합하는 개념들 가운데 하나다. 나는 경제학자가 아니기 때문에 여러분을 위해 필요한 그래프를 그리지 못한다. 그렇지만 최근에 이사한 사람으로서, 내 손에 쥐고 있던 오래된 TI-83 그래핑 계산기의 느낌을 여러분에게 말해줄 수 있다. 그 계산기로 나의 엔사이클로피디아 브리태니커 사본을 굿윌(역주: Goodwill, 미국 비영리 조직으로 직업훈련, 직업소개 등을 수행)로 보냈을 때의 느낌을 여러분에게 전해 줄 수 있다. 그 느낌은 슬픈 것은 아니었지만, 슬픈 느낌 없는 우울한 감성이라고나 할까. 실리콘밸리가 소개한 특정한 기술 덕택에, 우리가 점점 더 친숙해지는 느낌은, 어떤 물건들은 우리가 채 익숙해지기도 전에 우리의 일상에서 완전히 유리되어 멀어지는 것이다.

혼란의 개념은 회사들, 언론, 아니면 단순히 캘리포니아 로스 개토즈(역주: Los Gatos, 캘리포니아 샌터 클래러 카운티에 있는 회사들이 모여 있는 지역)의 한 사무실에서 일하는 개인들, 또는 비디오 가게 책상 뒤에서 일하는 사람들에게 지속과 중단의 문제를 명료하게 설명하도록 허용하는 것이다. 그러나 지속성을 주장하는 사람들이나, 중단을 선호하는 사람들 중 어느 한쪽도 '혼란'에 무관심한 그룹은 없다. 이 문제에 모든 사람이 이해 관계가 걸려 있다. 누구는, 어떤 것은 완전히 새로워서 지금까지 자리 잡은 규칙들을(기업의, 정치의, 상식의) 따르지 않는다는 입증되지 않은 주장들에 대해서 회의적이 되어야 한다고 주장한다. 또 다른 누구는, 정말로 전례 없는 것으로 보이고 느끼게 하는 어떤 것은 단순히 현재 상황의 연장일 뿐이라는 주장에 회의적이 되어야 한다고 말한다.

특질적으로, 양쪽 모두의 주장은 가끔 재앙 예언가들의 가장 음울한 것과, 치어리더들의 현기증나는 충동성이 결합한다. 예를 들면, 전자단말기 책으로 책을 읽으면 전혀 다른 종류의 독서를 의미한다는 아이디어가 있다. 많은 내 동료들이 이 아이디어를 지지하고 거의 모두 경고까지 한다. "우리가 했던 방식의 독서로 돌아와."라고 그들은 말한다. "킨들을 내려놔, 그렇지 않으면 당신은 반즈앤노블(역주: Barnes & Noble, 미국의 대형 서점)에서 방금 고른 책을 뒤적거리는 사람들보다 멍청해질 거야." 그렇지만, 그들의 중심 전제는 아마존이나 기타 업체의 전제를 동의한다. 비록 여러분이 킨들에서 전자책을 고르거나, 또는 서점에서 양장본을 고르거나 할 때 많은 부분이 서로 겹쳐져 같다고 해도, 사실 그것은 완전히 다르다. 내 동료들로부터 나온 혼란의 경고는 기술산업계에서 킨들 광고에 피치를 올리는 것과 거의 동일하다.

반대로, 어떤 것이 혼란스러운 것처럼 보인다는 주장은, 실제로는 지속성 자체가 좀 더 비판적일 수 있거나, 아니면 뿌리깊게 보수적이거나 둘 중 하나이다. 이건 기술산업이 기술산업 자신에 대한 고상한 잘난 체를 못하게 끌어내리기를 원하는 사람들과, 아마존에게도 여러분 곁에 있는 친근한 책방 만큼 규제가 철폐되어야 한다고 주장하는 사람들 사이에서 공유된 하나의 직관으로부터 온다. 분명한 것은 이 모든 대답들이 어떤 때에는 절대적으로 맞다는 것이다. 기술산업에 관한 어떤 것들은 지금까지 경험해 보지 않은 것이다.(기술 그 자체) 다른 것들은 사업 쪽인데 종전과 같다.(산업) 그러나 어떻게 대중이, 언론이, 그리고 정치인들이 기술과 그것의 산업에 반응하는가는, 우리의 현재의 범주가 잡을 수 있는 것, 그리고 그 현재의 범주로써 잡을 수 있으려면 어떻게 조정되어야만 하는지에 대한 느낌에 의존한다. 혼란은 사람들에게 두 가지를 동시에 허용하는 하나의 길이다.

혼란에는 전통의 지속과 그것의 중단 사이에 있는
갈등이 항상 존재한다

그런데 혼란의 개념은 또한 지속과 중단에 대해서 보다 비밀스럽고 근원적인 이야기를 말하고 있다. 그리고 그 개념은 자본주의와 관계가 있다. 변화는 기술산업이 가져온 것인가? 아니면 가져오겠다고 주장하는 것인가? 자본주의가 작용한 근원적 변질인가? 아니면 변화는 아마도 지금까지 작동돼왔던 것이 약간 칠이 벗겨진 채로 연장된 것인가? 여러분은 왜 서로 다른 정당들이 이 질문에 답을 하는 데에 위태롭게 성패를 걸고 있는지 볼 수 있다. 그에 대한 답이, 어떤 규제 감독이 필요한지, 또는 바람직한지, 정부나 노조는 기술산업 같은 새로운 산업에 어떤 역할을 해야 하는지, 그리고 기술산업과 그것의 영향력들은 어떻게 검토되어야 하는지 까지도 결정하기 때문이다.

유감스럽지만 부득이하게 내 자신을 여기 '혼란'에 포함시켜야만 하겠다. 혼란을 주장하는 것에 내가 매우 미심쩍어 했다는 것을 고백하겠다. 그러나 다시 말하지만, 내 전문은 과거가 엄청나게 중요하다는 아이디어에 거의 의존하는 분야이다. 연구하는 데에 많은 시간의 소비를 수반하는 어떤 의미 있는 느낌이 있는 과거와 관계를 맺는 분야이다. 맨디 라이스-데이비스(역주: Mandy Rice-Davies, 웨일즈 출신 모델, 쇼걸, 프로푸모 스캔들 사건으로 유명)가 정치인 로드 애스터Lord Astor가 그녀와의 혼외정사를 부인하는 말을 들었을 때, "글쎄요, 했겠죠. 그 사람, 그렇지 않았을까요?"라고 말했다. 그리고 나는 과거를 짓밟는 것보다, 과거를 책임 있게 관리하는 것이 더 중요하다고 주장하고자 한다. 내 주장이 맞지 않나?

동시에, 혼란의 어떤 수사학은 과거를 의도적으로 잘못 해석하거나, 바르게 전달하지 않는 것에 의존하고 있는 게 맞다고 생각한다. 우리는 이것을 정보광고(역주: 인포머셜 infomercial, 해설식 광고, TV 정규 프로그램과 유사한 뉴스, 정보를 집어넣은 광고) 효과라고 부를 수 있다. 여러분은 오늘날에는 이런 광고를 많이 볼 수 없겠지만 한때는 아주 흔했다. 그리고 이런 광고들은 똑같은 견본을 따르는데 "여러분은 이럴 때 그것을 싫어하지 않습니까?"이다. 그리고 여러분이 겪어 봤다고 솔직하게 말할 수 없는 평범한 일에 관한 극히 사소한 문제를 거명하라고 요구한다. 그런 다음 그들은 그들이 방금 발명해낸 그 문제에 대한 해결책을 제시한다. 그 정보광고는 무엇이든지 혼란을 야기할 수 있게 의도적으로 잘못 해석한다. 인터넷세대의 집단적 풍자가 가장 잘 나타난 것은 아마도 아마존에 올려진 허즐러 571 바나나 슬라이서(역주: Hutzler 571 Banana Slicer, 아마존에 등록된 바나나 자르는 도구의 상품명)에 대한 소비자 리뷰가 5,875건에 달했다고 셈하는 일일 것이다. 이건 굳이 문제를 찾아내어 바쁘게 해결책을 제시하

해설식 정보광고 관련 사진

는 광적 마니아를 흉내내는 것이다.

정보광고가 이 견본을 사용하는 이유는 널리 스며든 권태감을 활용하는 데에 있다. 우리는 상황이 바뀔 때, 크고 힘있는 것들의 콧대가 꺾일 때 열광한다. 이에 대한 한 증거는 한 산업의 순전한 규모 자체가 혼란을 무르익게 만들 수 있다는 개념이다. 큰 기업이 비효율적이라거나, 일을 잘해내지 못한다는 얘기가 아니라, 그냥 크다는 것이 문제의 핵심이다. 여기서의 요점은, 스타트업 회사도 많은 돈을 벌 수 있지만 작은 회사 X, Y, 또는 Z가 수십억 달러의 회사가 만드는 것과 같은 진정한 혼란을 만드는 것은 좀 의문이라는 어조가 깔려 있다.

이런 공식이 기술 미디어들이 가장 속기 쉬울 때 자주 사용된

것이 우연인가? 거기에는 '체제'가 흔들리는 것을 보는 즐거움이
있다. 오래된 서열이 뒤집히는, 골리앗이 다윗에게 무너지는 것
을 보는 즐거움 말이다. '허영의 세계(역주: Vanity Fair, 미국 대중문
화, 패션, 시사 월간지, 허영의 세계는 상류사회를 뜻함)'와의 한 긴 인
터뷰에서 냅스터(역주: Napster, 음악 중심 온라인 서비스)의 창업자
이자, 마크 주커버그에게는 악마인, 숀 파커Sean Parker가 언젠가
자기 자신에 대해서 "전형적인 로키(역주: Loki, 고대 노르웨이 신,
불행과 장난꾸러기 신)"의 기질이라고 묘사했다. 혼란을 주는 장난
꾸러기 신의 성격을 누가 좋아하지 않겠나? 혼란은 우리의 구조
에 대한, 그리고 습관과 관성과 함께 다니는 것처럼 보이는 상황
에 대한 조바심과 함께 작동된다. 그리고 혼란은 약자들, 반대자
들, 국외자들에 대해서 열광하는 언론과 함께 작동한다. 여러분
이 테라노스 회사 사건 보도를 돌이켜보면, 운명적인 존 캐리로
의 폭로 기사가 〈월스트리트 저널〉에 나와 그 회사를 넘어뜨리
기 전까지는, 어떤 저널리스트도 테라노스가 할 수 있을 거라고
주장한 것에 대하여 정말로 그것이 될 수 있는지 없는지 귀찮게
물어본 적이 없다는 것을 알게 될 것이다. 대신 그들은 그렇게 할
수 있게 되면 어떤 일이 일어날 것인가에 대해서만 질문했다. 혼
란은 신나는 드라마이다. "상황에는 어떤 법칙이 있기 때문에 상
황이 움직이는 방식대로 작동된다."는 개념은 맞지 않다.

모든 것은 영원히 지속하는 척하며 살아간다

혼란은 단절과 지속 양쪽 모두의 의미에 대한 이야기를 말해주는 하나의 길이 되었다. 그런데 후자, 즉 지속의 의미에 관한 이야기는 종종 간과된다. 왜냐하면, 오늘날 그 용어가 사용되는 방식은, 혼란에 빠지는 어떤 것이라도, 원래 그것은 혼란에 빠질 만한 것으로 간주되어 적용되기 때문이다. X가 맡아왔던 사실 자체는 X가 더 이상 맡아서는 안 된다는 증거로 받아들여진다. 심지어 X가 의사로서 여러분에게 여러분의 아이들의 홍역 예방을 위한 백신 접종을 얘기했더라도 말이다.

경영학교수 조슈아 갠즈Joshua Gans가 얘기했듯이, 혼란의 반대는 회사들이나 사람들이 항상 해오던 것에 의해 넘어지는 것이다. 우리가 혼란을 얘기할 때, 우리는 보통 지속성의 위험을 생각한다. 우리는 지속이 안 될 때까지는 지속이 잘 이루어진다는 느낌을 표현한다. 얼마간은, 정체는 위험하다라는 느낌이고, 우리를 뒤처지게 만든다는 느낌인데, 이는 어느 정도 현대성의 특질이기도 하다. 그 어느 특정한 시기도, 현대에 존재하는 조건, 현대에 사는 조건만큼 정체가 위험하다고 생각하게 만든 때가 없었다. 시인 샤를르 보들레르(역주: Charles Baudelaire, 1821~1867 프랑스 시인, 수필가, 비평가, 에드거 앨런 포의 작품 번역)가 자신이 살았던 주변의 세계가 목이 부러질 정도로 정신 없이 빠르게 현대화될 때 "도시의 형태가, 빠르게 변한다, 아아, 한 인간의 마음보다도 더"라고 썼다. 여러분이 현재 살고 있는 방식대로 계속 살다 보면 어느 순간에 여러분 자신이 과거에 살고 있다는 것을 발견하게 될 것이다.

그렇다고 하더라도, 명확하게 말하면 혼란은 우리의 자본주의 경험에 더 큰 울림이 온다. 왜냐하면 보들레르가 그가 오랫동안 살았던 도시의 형태에서 충격을 받았다면, 그의 수명과 오늘날의 회사들의 평균 지속 수명을 측정한다면 그는 아마 두 배는 더 충격을 받았을 것이다. 여러분이 기억하는 영구히 갈 거라고 생각됐던 모든 회사들이나 제품들을 생각해 보라. 우리의 일상에서 떼려야 뗄 수 없는 붙박이들 역시나 미끄러져 나와 시간이 흐르면서 사라져버리는 것 말이다. 여러분이 여기에 맞는 나이라면, 여러분의 새끼손가락에 카세트 테이프를 감았던 행동이나, 또는 "제발 좀 되감겨라."라고 말해 본 것을 회상해 보라. 아니면 이보다 약간 젊은 세대라면 전화식 모뎀이나 플로피 디스크 드라이브의 씸힘 현상을 기억해 보라.

혼란은 우리에게, 영원할 것처럼 보이려고 공을 들였음에도 단명으로 그치게 되는 사물들의 이야기를 말해준다. 혼란은 안정 속에 있는 예비 지진을 찾는다. 그러나 동시에, 우리는 어쩌면 안정감을 완전히 도외시 해서는 안 될 것이다. 안정감이란 순

정체는 위험하다는 느낌이고,
우리를 뒤처지게 만든다는 느낌인데,
이는 어느 정도 현대성의 특질이기도 하다.
그 어느 특정한 시기도, 현대에 존재하는 조건,
현대에 사는 조건만큼 정체가 위험하다고
생각하게 만든 때가 없었다.

전한 환상인가? 아니면 안정감은 우리의 일상의 기본 구조에 반복되거나 흡수되는 제스처, 행동, 그리고 사물에 대한 어떤 중요한 것으로부터 얻어지는 것일까? 한편으로는, 여러분이 블록버스터 가게(역주: 비디오 가게 체인)를 마지막으로 방문한 날을 기억할 수 없을 것이다. 그러나 다른 한편으로는, 여러분은 아마도 블록버스터 가게들의 사업 계획이 너무 빨리 끝나게 되었다는 느낌이 만연했던 기억은 있으리라고 본다. 적어도 자본주의 경험의 순서를 매기는 것에 관해서라면, 안정과 비영속성은 동등한 가치가 있는 것으로 보인다. 아무것도 영원히 지속하는 것은 없다. 그러나 모든 것은 영원히 지속하는 척하며 살아간다.

혼란의 아이디어는 특히 이상한 족보를 가지고 있다. 혼란의 가장 오래된 선조는 공산주의 선언(1848)을 쓴 칼 맑스와 프리드리히 엥겔스이다. 근대 자본주의세계는 "끊임없는 생산의 변혁, 모든 사회 상태의 부단한 동요"는 "모든 경직된 것들은 대기 속으로 녹아 들게 한다."라고 말한 맑스와 엥겔스에 의해 특징지어졌다. 근대 이전의 세계가, 얼마간의 안정성과 수세기 동안 내려온 전통에 의해서 정의되었고, 오래 된 습관적 사고로 통치되었던 모든 고정된 관계들이 현대성으로 씻겨 내려갔으며, 새롭게 형성된 모든 것은 정착되기도 전에 낡은 것으로 되어 버린다. 여러분은 비록 그들이 묘사한 상황이 혼란스럽고 악몽과 같은 것이었음에도, 그들의 들뜬 감정을 느낄 수 있다. 그렇다고 하더라도, 그들이 들뜬 것은 이런 끊임없는 파괴와 대체를 가속화하는 순환고리가 궁극적으로 그 순환고리 자체를 파괴시킨다고 느꼈기 때문일 것이다.

창조적 파괴 또한 자본주의를 결국 지속불가능하게 만든다

공산주의 선언에서 만들어진 이 혼란에 관한 이념이 오스트리아 경제학자 요셉 슘페터에 의해서 1942년에 발간한 그의 책에서 새로운 비지니스 전문용어로 만들어진 문구는 '창조적 파괴'이었다. 슘페터 자신은 공산주의자는 아니었지만 그 용어를 맑스로부터 얻어왔고 그 이념에 전적으로 동의한다기 보다는, 서술한다는 태도를 취했다. 오스트리아에서 태어난 슘페터는 맑스의 경제학과 루드비히 폰 미세스(역주: Ludwig Heinrich Edler von Mises, 1881~1973, 오스트리아 학파, 자유론적 경제학자, 역사가, 논리학자, 사회학자, 인간 행동학자, 1940년 미국으로 이민) 같은 학자들의 고전 자유경제학, 양쪽 모두에 몰두했었다. 그는 기업 순환고리에 대해서 뿐만 아니라 그 순환고리의 사회적 파급에 대한 위대한 분석가들 중 한 사람이 되었다. 그는 1932년에 하버드 대학교 교수가 되었다. 미국에서 출판된 몇 안 되는 그의 책들 가운데 일부에서 그의 전반적인 사상을 알 수 있다. 1928년에 '자본주의의 불안정성'이라는 제목으로 강연했고, 1949년에는 미국경제인

협회에서 '사회주의로 가는 행진'이라는 제목으로 경계를 촉구하는 강연을 했다. 슘페터는 자본주의가 점진적으로 일종의 국가 사회주의로 향하게 될 거라고 생각했는데 그 사실을 그는 꼭 환영하지는 않았지만 불가피하다고 보았다.

　자본주의의 불안정성, 그리고 사회주의의 불가피성, 이 두 가지 이념은 혼란과 연계된 개념으로는 오늘날 거의 들을 수 없다. 오히려 혼란은 '더 한층' 자본주의적인 방향을 습득하는 것처럼 보인다. 족쇄를 던져버린, 그리고 속박 받지 않는 시장의 힘을 표현하는 것처럼 보인다. 그런데 이 이론이 자본주의적 생산방식이 혁명을 불가피한 것으로 만든다는 것을 보여주려고 시도한 한 철학자와의 대화에서 처음으로 발전되었다는 것은 의미심장하다. 슘페터는 맑스의 두 가지 중요한 이론에 동의했다. 계속 증가하는 자본주의자들의 효율성 추구로 인한 노동 착취는 이윤율의 감소를 불가피한 것으로 만들고, 그리고 그 감소된 이윤율은 독점으로 향한다는 이론 말이다.

　맑스는, 이윤율의 저하는 자본주의로 하여금 노동력을 그 어느 때보다 혹독하게 착취할 수밖에 없는 운명으로 내몬다고 생각했다.(그리하여 혁명의 단계로 진입) 슘페터는 맑스의 이 이론에 (역주: 독점 자본은 반드시 혁명으로 귀결된다는 이론) 창조적 파괴라는 이념으로 반박했다. 만약 시장이 항상 변동이 없는 것이라면, 맑스의 이론이 잘 맞는다고 증명되었을 터이지만 그런 경우는 없었다. 슘페터는 "자본주의 엔진을 움직이게 만들고 유지하게 하는 근원적인 추진력은 새로운 소비자 상품과 새로운 생산 방법, 운송 체계, 새로운 시장, 자본주의 기업들이 창출하는 산업 조직의 새로운 형태에서 나온다."라고 반박했다. 자본주의에 의한 시장의 모든 경직된 것의 '창조적 파괴', 그 파괴가 시장을 변혁하고 재정의하려는 경향은 실제로는 시장의 연속성으로 간주되는 것이다. 어제의 시장 독점자가 갑자기 많은 경쟁자 중의 하나로, 그리고 가끔 완전히 도산하기에 충분할 만큼 변한다. 그 순환은 새로 시작한다.

창조적 파괴는 이런 식으로 자본주의의 장기간 생존능력을 보장한다고 슘페터가 쉽게 주장하기에 충분했을 것이다. 그러나 흥미롭게도, 1942에 출판된 그의 걸작《자본주의, 사회주의, 그리고 민주주의》에서 슘페터는 그와 반대되는 주장을 했다. 맑스가 주장했던 점, 즉 자본주의는 필연적으로 독과점 체제 방향으로 작동된다는 특질은, 외부로부터의 도전에 의해서 그 독과점 체제가 혼란스럽게 되고 파괴된다는 슘페터 자신의 창조적 파괴 이론이 반드시 좋은 것만은 아니라는 것이다.《자본주의, 사회주의, 그리고 민주주의》의 제 2부에 "자본주의는 살아 남을 수 있을까?"라는 제목을 붙였는데 거기서 슘페터는 아무 편도 들지 않고 내려왔다. 결국, 끊임없는 파괴는 조감도적 시선으로 봤을

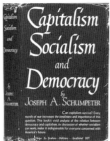

요셉 슘페터와 《자본주의, 사회주의, 그리고 민주주의》 표지

때, 아무리 그것이 생식력이 있다고 하더라도 궁극적으로는 자본주의를 규제하는 시도를 재촉할 것이다. 창조적 파괴가 경제적으로는 살아남는 동안, 그 파괴의 경험이 너무나 혼란스러워 정치적으로는 자본주의의 장기간 생존을 허용할 수 없게 된다는 것이다.

어느 한 면으로는, 창조적 파괴의 개념은 혁명의 개념을 순화한다. 왜냐하면 창조적 파괴가 경기장을 다시 짜기 때문이다. 창조적 파괴는 맑스가 예언한 과정을 미연에 방지하고 있다. 자본이 독과점으로 가는 것은 맞다. 그러나 그때 외부에 있던 누군가가 와서 독과점자를 무력하게 만든다. 다른 한편으로는, 맑스가 예견했던(정확하게) 과정이 슘페터에게는 혁명으로서 보다는 창조적 파괴로서 귀결되었던 것이다. 만약 맑스가 옳았었다면, 그래서 점점 더 커진 독과점 체제는 필연적으로 이윤율의 감소로 이어지고, 그로 인한 저임금 체제 때문에 우리는 자본주의가 혁명으로 인도되는 것을 진짜로 예상할 것이다. 슘페터는 맑스가 틀렸다고 생각했다. 그리고 창조적 파괴가 독과점 체제로 가는 것과 이윤율의 저하 양쪽 모두를 미연에 방지해줄 거라고 생각했다. 그러나 결국, 창조적 파괴 또한 자본주의를 지속 불가능하게 만들 것이며, 점진적으로 그리고 평화롭게(선거와 입법부의 활동을 통하여) 자본주의는 사회주의의 어떤 한 형태를 산출할 거라고 봤다.

혼란을 찬미하고 가속시키는 메시아주의

대부분의 '혼란' 주변의 담론은 분명히 창조적 파괴의 아이디어에 의지하고 있다. 그러나 그 담론은 혼란의 중요한 측면을 놓친다. 가장 중요한 것으로는 날로 심해지는 창조적 파괴의 속도가 결국은 새롭게 안정된 평온한 바다로 인도된다는 것, 즉 초자본주의가 거의 필연적으로 자본주의 이후의 어떤 것으로 우리를 밀어낸다는 점을 시사하지 않는 것처럼 보인다. 대신, 혼란에 따르는 속도는 항상 있게 마련이고 또 그럴 수 있다고, 그래서 우리도 그 속도에 맞춰야 한다고 시사하는 것처럼 보인다. 혼란에 관한 이야기는 매우 빈번하게 초자본주의의 신정론(역주: 神正論,

신은 악이나 화를 좋은 목적을 위한 수단으로 인정하고 있으므로 신은 바르고 의로운 것이라는 이론)이 된다. 혼란은 진짜로 새로운 것을 두려워하는 사람들을 위한 새로움이다. 혼란은 혁명에서 어떤 것도 얻을 수 없는 사람들을 위한 혁명이다.

현대 자본주의는 점점 가속되는 전환율을 산출하며, 거기에는 종점이 없고, 그래서 그 전환율을 받아들이는 것이 현명하다는 아이디어를 가속도원리이론이라고 부른다. 닉 랜드Nick Land는 워릭 대학교에서 소위 '암흑의 계몽'이라고 불리는 것의 붙박이가 되는 인공두뇌 문화 연구부서를 공동으로 창립했다. 이것은 인공두뇌 문화에 의해서 제기된 도전을 통해서 생각하는 프랑스 이론을 사용하려는 가장 야심찬 시도 중의 하나로 평가되는데, 가속도원리이론 틀을 만들었다. "생각하는 데에는 시간이 걸린다. 그리고 가속도원리이론은 우리가 그렇게 충분히 생각하느라 시간을 다 써버린다."고 시사한다. 가속도원리이론은 가속의 힘에 굴복하는 것을 옹호하며, 폭포 소리가 가깝게 포효하는 소리를 들을 수 있음에도 우리가 강물로 뛰어드는 것을 지지한다.

유명한 미래학자 래이 커즈와일Ray kurzweil도 비슷한 아이디어를 냈다. 즉 미래에 대한 우리의 예측은 과거의 경향으로부터 일직선 상에 건립된다는 추정, 즉 선형외삽법의 필요에 의해서 이루어진다. 그러나 기하급수적 변화는 선형에 가끔 단기적으로

래이 커즈와일과 《특이점이 온다》 표지

"나타난다." 독일 철학자 마르틴 하이데거로부터 받아들여 닉 랜드가 적용한 가속도원리 이론가의 자기비하적 겸손은 어떤 사물은 항상 혼란의 일부라는 아이디어의 극단적 형태이다. 우리는 어떤 변환에는 항복해야 한다. 우리는 어떤 것은 죽게 내버려두어야 할 필요가 있고, 그리고 처음에는 불편하고 불쾌하기까지도 보일 수 있는 것들을 끌어안아야 한다. 우리는 소신을 가지고, 우리의 현재 범주로써는 완전하게 찾아낼 수 없는 어떤 발전된 느낌에 굴복해야 한다. 우리가 기 확립된 카테고리에, 경건한 신심에, 선호에, 집착하는 것은 역효과를 낳을 것이고, 아마도 더 심한 적극적 파괴를 겪게 될 것이라는 게 그의 생각이다.

가속도원리 이론가들은, 자본주의적 생산방식에 내재된 창조적 파괴의 과정은 필연적으로 현대 자본주의의 초월로 인도될 거라고 대체로 믿고 있다. 그러나 그 초월이 어떤 모습이 될 것인가에 대해서는 서로 의견을 달리한다. 그 초월이, 기술적 그리고 사회적 발전이 그 발전들을 통제하려고 시도하는 어떤 정부에게도 결국 거짓말을 통해 국가를 시들게 만드는 것을 의미하는 것인가? 자본주의 자체의 내부폭발, 그리고 그것을 대체하는 보다 인도적이고 덜 충격적인 초월을 뜻하는 것인가? 아니면 인간의 극복을 의미하는 것일까? 예를 들면 래이 커즈와일이 '특이성'이라고 부른 것, 즉 사람과 기계의 차이가 없어지는 지점까지 달려가는 것을 뜻하는 것인가?

이 아이디어에는 약한 메시아주의가 내재되어 있다. 우리가 일종의 황홀경으로 가속하고 있다는 느낌과 함께 전율한다는 아이디어, 현재는 검은 유리를 통해서 희미하게 보인다고 하더라도 곧 대낮처럼 밝아질 미래를 향하여 간다는 느낌의 아이디어 말이다. 메시아주의가 으레 그렇듯이, 이 아이디어는 대개 상당히 약하다. 그러나 커즈와일은, 여러분이 그 이야기가 어디에서 끝나는지 추측하지 않고서는, 그 이야기를 말할 수 없는, 아이디어에 전념한 드문 사상가 중의 하나다. 그리고 그의 특이성의 아이디어는 의도적으로 거창하다. 더 이상 바깥 끝을 알 수 없는 은하를 집어삼킨 듯한 집단의식 속에서, 인간과 인간이 사용하는 기술 사이의 구별이 완전히 시들어 없어지고, 우리가 경이와 영광이 가득한 우주의 시냅스 경로 안에 영원히 거주한다는 아이디어이다.

그것은 광기이다. 그러나 의도적인 광기다. 커즈와일은, 여러분이 전부를 걸지 않으면 가속도원리이론에 의해 그려지는 지수 변화를 놓치게 될 것이라고 생각한다. 혼란을 옹호하는 대부분의 사람들에게는 이런 솔직성이 없다. 그들이 미래는 급진적으로 달라질 거라고 믿는 것은 비슷하지만, 그 변화에 대하여 아주 자세하게 기술하지는 않는다. 주로 오래된 전통의 후광에 게으르게 의존하는 사람들의 정당성에 환영할만한 해결책으로 작용하는 것과는 반어적으로, 혼란 그 자체는 실제로는 미래를 일별한 적이 없는 첫 번째 불씨의 흐릿함에서 그 정당성을 끌어 온다.

'창조적 파괴'라는 용어의 사용에서 나타나는 가장 두드러진 변동은, 무죄가 증명된 측면, 간혹 축하할 정도까지의 측면을 가지고 있다는 것이다. "빨리 움직여라. 그리고 부수어라."라고 외치는 유명한 만트라는, 윤리적으로 필수적인 것을 가속화하는 대신에, 가속화의 불가피성에 대한 항복을 넘어서서 순조롭게 낭송되고 있다. 라틴어 속담에 "세상은 속기를 원한다."가 있다면 기술은 "세상은 가속화되기를 원한다."라고 생각하는 것 같다. 슘페터가 창조적 파괴에 전적으로 겁먹은 것은 아니었다. 그는 그것을 자본주의가 어떻게 작용하는가에 대한 기능적 규칙 정도의 문제로만 생각했다. 1990년대까지 '창조적 파괴'는 어떤 사람이 사업을 할 때 정부의 규제나 대중의 맹비난에 대해서 자기들은 혐의가 없다고 반발하고 싶을 때 특별히 사용하는 상투어가 되었다. 인력 삭감과 적대적 기업인수정책의 전도사들인 리처드 놀랜Richard Nolan 그리고 데이비드 크런슨Daved Croson 같은 경영학교수들은 그 용어에 의존한다.

'창조적 파괴'라는 구문이 철저하게 양면 가치적인 동안, '혼란'이라는 말은 빈번하게 찬양되는 것으로 자리매김된다. 그것은 가르쳐 져야 하는 어떤 것이고 노력해서 얻어야 하는 무엇이 되었다. 슘페터의 기업순환 관점이 위에서 내려다보는 일종의 신과 같은 시각이라고 간주되는 곳에서 '혼란'은 우리를 현상유지를 지지하는 쪽보다는 공격자 참호에 데려다 놓는다. 창조적 파괴가, 무엇이든 간에 그것이 창조적으로 파괴되는 게 당연한 것인지 아닌지에 대해서 중립을 지키는 동안, 혼란스럽게 생각되는 어떤 것도 혼란스럽게 되어간다.

그러나 그것의 용도에는 뚜렷하지 않은 미온적인 변화가 있다. 특히 우리가 혼란에 대한 동시대의 사상에 구체적으로 눈을 돌릴 때 그렇다. 슘페터는 창조적 파괴를 기업순환에 적용하기 위한 개념으로 제안했다. 시장을 지배하는 회사들은 완전히 다른 방식으로 운영되는 회사들에 의해서 도전받고, 그리고 그들에 의해서 대체된다. 그러나 오늘날 혼란의 수사학은 회사 이외의 다른 것들에게 빈번히 적용된다. 이런 점이 왜 피터 틸 같은 사람들이, 말하자면, 총체적인 고등교육이나 보건 의료, 또는 정부가 독과점적이며, 더 나아가 독점적이기까지 하다는 주장에 그렇게 집중하는 지를 말해준다. 슘페터가 살아 있었다면 거의 확실하게 블록버스터가 넷플릭스에게 서서히 무너지는 것을 '창조적 파괴'의 교과서적 전형으로 보았을 것이다. 경쟁자가 다가오고 있다는 것을 눈치채지 못하고, 그 경쟁자가 아직 심각하게 위협이 되지 않았을 때, 그 경쟁자를 인수할 수 있었던 기회마저 거부했던 사례 말이다. 그런데 이런 사례가 여러분의 지방 여행사, 레코드 가게, 그리고 약국에도 해당되는 것이 아닐까? 이런 일이 우편 서비스, 또는 지역 버스회사에도 적용되는 것이 아닌가? '혼란'은 전투부대가 경기장에 들어간다는 생각 없이 들어가는 개념에서 도출된 것이다.

혼란의 수사학은 빈번하게 견실, 안정, 그리고 통일이 존재하지 않았던 곳에서 그것들을 창출한다. 제한과 경건성의 발명을 자주 요구하는 정치적 정당성에 대해서 투덜거리는 경우에서처럼 견고, 안정, 통일을 만들어낸다. 혼란의 수사학은 자신을 정치적 정당성과 대전투를 벌인다고 본다. 심지어 용맹한 반군에 대항하여 싸워야 하는 죽은 별(역주: Death Star, 영화 〈스타워즈〉에 나오는 우주 정거장)과 같이 자신을 재미없는 가내수공업으로 묘사한다. 산업에 대해서 오인, 잘못 해석, 또는 단순히 무시하면서 '혼란'을 추구하는 것은, 꼭 그런 것들이 필요한 것은 아니라고 하더라도, 적어도 산업을 혼란에 빠뜨리는 데에 장애가 없는 것처럼 보인다. 세계가 거기에 있다. 습관에 의해 내몰려진 멍청한 세계가 거기에 있다. 여러분은 단지 대학을 졸업하고 3년 기한의 신용카드를 갖는다. 여러분은 아직도 여러분의 부모가 보험을 든 차를 사용한다. 그런 상황의 세계가 '혼란'을 추구하기에 폭넓은 기회를 주는 것이 아닌가?

프리드리히 니체는 언젠가 "망각은 모든 행동의 자산이다."라고 썼다. 내가 만약 내 이전의 모든 사람들이 했던 것, 그리고 그 결과가 무엇이었는지를 확실하게 알 수 있다면 나는 그런 일을 하지 않을 것이다. 니체는, 딱 부러지게 행동하려면 자기중심적 순간이 필요하다고 제안했다. "자아(自我) 둘레의 한정된 지평에서 끌어 낸" 힘은 "초역사적"으로 될 거라고 시사한 것이다. 혼란은, 생산적인 것이거나, 아니면 적어도 이득을 위해서 세부적인 것들을 묵살하는 데에 적용되는 창조적 기억상실증의 전제이다. 어느 때는 다른 한쪽 끝에서 오는 것인데, 텔사 모델 3(역주: Tesla Model 3, 텔사에서 개발된 유선형 4 도어 전기 자동차 모델)가 그것이다. 어느 때는 허츨러 571 바나나 슬라이서가 된다. 오늘날 이 개념이 쓰이는 방식은 진보의 축적된 힘에 대해서 깊게 회의적이다. 그러나 점진적인 진전에 대한 얘기가 단지 게임 보드를 뒤엎는 사람들의 얘기보다 흥미진진하지 않다는 사실에도 불구하고, 실제로 점진적으로 진전하는 사람들의 얘기가 결국 우리가 사는 세상을 훨씬 잘 묘사하는 것이다.

혼란은 '독점', '과점'의 연장선에 기댄다

혼란은, 기업순환에 참여하면서 자기들은 그런 일을 하지 않는다고 주장한다고 간주되는 사람들에 의존한다. 실제로 많은 맑스주의자의 DNA를 함유한 창조적 파괴의 또 다른 측면이다. 그리고 혼란은 '독점' 또는 '과점'이라는 용어들에 적용될 수 있는 느낌의 연장선에 기댄다. 대형 택시회사들이나 아니면 겨우 먹고살기 바빴던 수천 명의 개인 택시 기사들이 한때 개별 수송을 지배했었나? 옐프가 사람들의 의견을 모으는 과점체제를 혼란에 빠뜨렸나? '혼란'이라는 용어는 일상생활의 개별적인 것들을 하나의 거대한 단일 암체(巖體)로 만든다. 유기적으로 성장하였기 때문에 흩어지고 분산된 오래된 구조나 조직으로부터 만들어진 리바이어던(역주: leviathan, 기독교 성서에 나오는 바다 속 거대 괴물)이다.

어떻게 구글이 미디어 풍경을 혼란에 빠지게 만들었는지에 관한 얘기가 수반된 이상한 연금술에 대해서 생각해 보라. 갑자기

수천억 달러의 회사는 허접한 약자가 되고, 40명의 종업원을 가진 한 잡지는 거대한 악덕독점자로 바뀌는 연금술 말이다. 규모의 문제가 기술산업의 핵심이 되는 것이 점점 일반화되고 있다. 우리는 어떤 부피감을 가지고 경제에 접근한다. 우리는 경제적 힘이 그려낸 도해가 어떻게 보이는지 안다. 연금술은 기술산업의 성공의 핵심이다. 연금술은 부피감을 혼란스럽게 만들고 도해를 거부한다.

혼란의 수사학이 소개하는 최종적 왜곡은 사회와 국가가 제공하는 지원이 있는 곳에 관한 것이다. 슘페터에게는 창조적 파괴가, 경기장을 자발적으로 확장하거나 변경할 수 있는 도전자들로부터 온 것이다. 그런데 혼란 그 자체가 제도화될 때에는 무슨 일이 벌어질까? 오늘날의 용맹스러운 반군들은 억만장자들로부터 자금을 투자받아 필요하다면 거대한 부채를 질 수 있고, 그들, 또는 경영대학교 동문들에 의해 오래 전에 함락된 규제 기관으로부터 지원을 받고, 그리고 규제와 노조를 몽땅 다 제거하기 원하는 사람들에 의해서 그들의 공격은 격려받는다. 그들은 오직 좁게 봤을 때만 국외자이다. 아니라면, 국외자가 안 되기에는 너무나 좋은 점이 많다. 트로이에게 승리를 선물한 목마에 관한 것만큼 말이다.

블록버스터 같은 회사가 자기들이 만든 시장이 영원히 변치 않고 지속하리라고 생각한 것을 응원하기는 어렵지만, 우버 같은 회사가 정부가 자기들의 사업모델을 지원하기 위해서 결국에는 규제를 완화할 필요가 있을 것으로 생각하는 것을 응원하는 것도 이상하다. 이와 같은 초역사적이고 충격적인 혼란의 결말은 여러분의 아이디어를 어떤 식으로든 세상에 맞추기보다는, 세상이 여러분의 순전한 천재성에 편의를 도모해 주어야 한다는 기대감의 발로이다.

테라노스에 대한 엘리자베스 홈즈의 소송 당사자로서의 진술이 세상에 알려진 후, 매드 모니(역주: Mad Money, 짐 크래이머Jim Cramer가 주재하는 미국 금융 텔레비전 프로그램, 투자와 공매도에 주로 초점을 맞춘다.)의 짐 크래이머Jim Cramer가 그가 주재하는 쇼에서 홈즈를 초청했는데, 그녀는 잡스-주의(Jobsism, 평판이 좋지 않은, 자유롭게 떠도는 영혼에 관한 인용인데, 마하트마 간디로부터 아르투르 쇼펜하우어에 이르기까지 그 말의 기원을 돌리고 있다.)를 되풀이했다. "그들이 처음에는 네가 미쳤다고 한다. 그러고 나서 너와 싸운다. 그러다 갑자기 너는 세상을 바꾼다." 이것이 잡스-주의다. 도전을 받자, 홈즈는 일종의 통념상 받아들여지는 지혜로 철수했다. 그런데 그 지혜는 대부분 그녀의 학교 기숙사에서 이삭 줍듯이 모은 동기부여 인쇄물에서 얻은 것처럼 보인다. 그렇기는 하지만 실제로 이런 잡스-주의 같은 일들이 많이 일어나고 있다.

홈즈는 "누가 그들이었냐"에 대해서 특질적으로 모호했다. 그러나 전후 맥락으로 보면, 그녀에게 반대한 측들은 식약청, 의료 및 의료 서비스센터, 그리고 증권거래위원회였다고 보여진다. 사실 그녀가 진짜로 테라노스의 꾸며낸 기술이 세상을 바꿀 거라고 말하지는 않았다. 그녀는 세상이 테라노스의 꾸며낸 기술을 진짜 기술로 만들어주기를 기대했던 것이다. 테라노스의 무죄를 옹호하려고 했던 것이 아니고, 규제 환경이 테라노스의 사업 방식을 수용하여 감싸야 한다고 기대했던 것이다. 그녀는 규제감독을 위한 규제감독을 만든 것을 책망했다. 당신이 주장한 기술은 반드시 이행되어야 한다는 식약청의 비겁한 고집은, 실제로 병이 없는데 병이 있다는 말을 듣는 것과 같다는 것이었다.

그녀의 희망은 들리는 만큼 황당한 것은 아니었다. 이것은 결국, 많은 다른 분야에서도 행해졌던 수법이다. 기술은 어떤 분야를 지배하는 표준을 정하는 규칙을 많이 바꾸지 않았다. 그리고 '혼란'은 아마도 우리의 판단과 범주의 혼란에도 주의를 돌릴 것이다. 그러나 혼란을 일으키는 측에서만 이 특권을 갖는다. 혼란을 받는 쪽은 언제라도 그들의 생존이 보장되도록 조정되는 세상을 좋아한다고 시사할지 모른다. 그리고 혼란을 받는 쪽은 이게 그들의 약점과 변화에 대한 저항의 신호라고 얘기 들을 것이다. 이런 이중 잣대는 다른 실리콘밸리의 만트라에도 적용된다. 여러분은 '더 잘하는 실패' 그리고 '빠른 실패'를 원하는가?

글쎄, 여러분이 실패를 할지, 그리고 여러분의 실패가 어떻게 해석되는 지는 여러분이 누구인가에 크게 좌우된다.

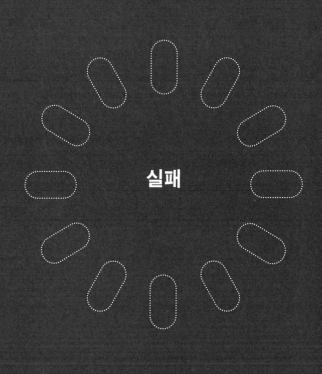

실패

실리콘밸리는 자기들이 양해되는 실패를 가지고 있다고 생각하고 있다. 실리콘밸리에는 일이 꽤나 잘못 가고 있는 것에 대한 관용이 실리콘밸리의 기술산업을 뒷받침하고 있다. 중도 탈락에 대한 사랑이 출구 A인 셈이다. 이 상황을 지켜보는 것은 고무적일 수도 있고 불만스러울 수도 있다. 사람들은 일자리를 얻고 또 잃는다. 그리고 새 일자리를 얻는다. 사람들은 아무도 좋아하지 않는 제품을 창안한다. 그리고는 다른 제품의 창안을 계속한다. 이것은 활기찬 일이다. 사람들은 증권거래위원회에서 조사를 받은 회사들을 지원한다. 그리고는 다른 회사들을 지원한다. 사람들은 테라노스 같은 회사를 대신해서 많은 오점을 남기지 않고 기꺼이 거짓말까지도 할 수 있다. 아마도 이것은 신선하지 못한 일이다. 그래도 실리콘밸리에서는 나쁜 경험 같은 것은 없는 것처럼 보인다.

　적어도 여러분이 벤처캐피털로부터 투자받고 있는 산업에 있다면, 여러분은 J곡선을 통해 살고, 죽고, 그리고 재생한다. 여기서 실패는 진정 일반적인 것이다. 그런데 이런 빈번한 실패와 그 실패에 대한 궁극적인 무관심, 두 가지 모두가 실리콘밸리의 자본이 운영되는 방식에 내재된 것이라면, 이 아이디어가 21세기에서 추가적인 격려를 받았을 거라고 위안을 삼아라. 닷컴 회사들의 붕괴에서 얻은 교훈을 뒤로 한 채, 기술산업의 불가항력적으로 보인 상승세를 쉽게 믿어 동조하다가 그것의 갑작스런 폭락의 이야기도 의심 없이 보도한 언론의 똑같은 행태를 뒤로 한 채, 기술산업은 겉으로는 실패를 만들고 속으로는 재생하는 21세기에서 말이다.

　2008년에 캐샌드라(캐스) 필립스Cassandra(Cass) Phillipps는 극장에서 페일콘(역주: FailCon, 스타트업 창업자가 실패에서 배우는 것, 그리고 실패에 대비하는 것을 위한 총회) 이벤트 기획을 가졌다. 그 이벤트는 당시 그녀가 만든 스타트 업체가 실패를 향한 바람직한 연착륙 경로를 찾고 있을 때였는데, 그녀와 그녀의 동료들에게 무슨 일이 일어나고 있었는지에 대해서 얘기할 방법이 없다는 실망감에서 시작한 것이었다. 페일콘은 바로 그런 일을 하기 위한 지점에서 탄생했다. 그것의 탄생은 좋은 타이밍일 수도 아닐 수도 있었다. 2008년에는 실패가 도처에 있었다. 담보대출이나 융자를 받을 수 없었다. 회사들은 담보대출이나 융자의 채무상환을 연장하고, 그 담보대출이나 채무를 저당 보험에 들었다. "실패하기에는 너무나 크다."가 당시 모든 뉴스 프로의 주제였다. 그러나 실리콘밸리에서는 실패가 어디에나 존재하는 것은 아니었다. 도처에 실패가 생겼을 때, 이 대규모 실패에 당황한 세계 여러 곳의 자본이 실리콘밸리에 쏟아져 들어와 그 충격을 완화시켰고, 실리콘밸리의 기술산업을 다시 시작하도록 했던 것이다.

실리콘밸리가 말하는 '더 잘하는 실패'의 의미

필립스가 발견했듯이 그녀의 이벤트는 아직 신경을 거스르는 데가 있었다. 그렇다. 최근에 기업들이 다시 얻은 광택을 망쳐 놓았다고 책망하는 투서가 있었다. 그렇지만 오늘에 와서 그녀는, 거기에는 "실패에 관한 이야기를 중요하고 매력적인 것으로 만드는 시대정신 안에 무언가가 있었다."고 말한다. 기술은 호황의 한 가운데에 있었다. 실리콘밸리는 모든 것을 아우르는 경제 위기 속에서 그와는 상관없는 한 국외자인 것처럼 보였다. 그렇다고 하더라도 실리콘밸리에는 결국 그 경제 위기가 "얼마나 어려웠다는 것을 얘기하기 시작"할 준비는 갖춰졌었다. 그런 일을 했던 이벤트로서는 페일콘이 유일했다. 그 밖에 실패에 대한 공개적 마이크로는 페일페어FailFair 그리고 픽업 나잇츠Fuckup Nights가 있다.

다음 번에는 "더 잘하는 실패"라는 흔한 만트라 만큼, 실리콘밸리만의 실패에 대한 독특한 관계를 요약한 상투적인 문구는 아마 없을 것이다. 지난 장(章)들에서 탐구했던 개념들, 이념들, 유행어들의 기준들을 적용한다고 해도, "더 잘하는 실패"라는 말이 d.스쿨 세미나, 그리고 총원참석 회의에 채택되는 길은 현기증나는 것이다. 그 말은 또한 대단히 교훈적이다. 여러분이 "더 잘하는 실패"라는 말이 일반적으로 사용되는 방식이 그 말의 원자료를 오해했다는 것을 알게 되는 것은 그리 놀라울 일은 아니다. 그러나 원자료를 오해하는 방식과, 그리고 실리콘밸리가 원자료 자체가 안고 있는 오해의 소지를 제공한 것처럼 보이는 해석 방식을 선택한 것은, 실리콘밸리가 사상이라고 부르는 것을 들여다 보는 데에 적합한 최종적인 것을 만든다.

내가 이 책에서 고려한 "더 잘하는 실패"라는 구문이 나오는 원전은 보다 최근의 것이다. 사뮤엘 베케트Samuel Beckett (1906~1989), 아일랜드 태생의 위대한 최후의 모더니스트인 그는 1983년에 그의 마지막 중편 소설들 중 하나인 〈자, 최악의 방향으로(Worstward Ho)〉를 썼다. 이 소설의 제목은 신세계 탐험에 관한 1855에 출간된 소설 《자, 서쪽으로!》(역주: 찰스 킹슬리의 소설 Westward ho!)에서 사용된 오래된 말을 차용한 것이다.《자, 서쪽으로!》는 유럽인들의 팽창정신의 기준이 되었던 것이다.〈자, 최악의 방향으로〉는 이 팽창정신을 패러디한 것이다. 베케트의 대

사뮤엘 베케트

부분의 작품들이 그렇듯이, 이 말은 잘못된 해석, 실패, 사임에 관한 명상이다. 그 산문은 여러분을 달래줄 운율이 있다.《자, 서쪽으로!》의 구문이 원거리에 투사된 것이라면 베케트의 구문은 파도가 해안에 부딪칠 때처럼 밀려왔다 오직 뒤로 끌어 당겨지는 것을 묘사하는 경향이 있다. 여러분이 그 작품을 소리내어 낭송하면 들을 수 있다. "시도할 때마다, 항상 실패한다. 아무리 해도. 다시 시도하고, 다시 실패한다. 더 잘하는 실패.(역자주: 운율감을 살리기 위해 원문을 싣는다. "Ever tried. Ever failed. No matter. Try again. Fail again. Fail better.")

여러분이 이 문맥에서 "더 잘하는 실패(fail better)"를 제거하면 제일 먼저 잃게 되는 것은 운율적 틀이다. "더 잘하는 실패"는 다

른 여러 개의 짤막한 구문들과 함께 공명하면서 구절을 만든다. 그 구절은 베케트의 원문에서 일종의 떨림을 창출한다. 어떤 플롯이라기 보다는(〈자, 최악의 방향으로〉에는 플롯이 없는 것 같다) 그 떨림은 짤막한 하나의 구가 다른 구에 서로 대응하며 원문의 중심이 되는 행을 창출한다. "더 잘하는 실패"의 원 문맥에는 주제와 관련된 중요한 요소도 있다. 베케트 산문의 그 단조로운 가락의 운율 "더 잘하는 실패"는 어떤 사람을 결국 성공으로 인도하게 된다는 뜻이 아닌 게 분명하다. 항상 시도하고 항상 실패한다는 것이 그 속에 있는 전부이다. 사실, 원문 전체는 실패가 궁극적 구원으로 인도하는 길이 아니라 피할 수 없는 좌절로 인도한다고 말한다.(〈자, 최악의 방향으로〉가 묘지를 방문하는 것에 관한 이야기인 것처럼 말이다.)

그 인용의 출처가 중요한가? 실리콘밸리가 사상이라고 말하는 것을 조사하는 전후 문맥상으로는 중요하다. 첫째, 그 문구가 인용된 방법에 실리콘밸리가 어떻게 아이디어 전반을 인용했는지를 나타내기 때문이다. 여러분이 "더 잘하는 실패"에서 즐거운 느낌에 고무되기를 원한다면 원문에 저항하고, 듣지 않아야만 하는 것이 있다. 둘째, 베케트가 독특한 방법으로 오인용한 어떤 아이디어는 그가 매우 흥미를 가졌던 것이고, 그리고 기술산업이 그것에 대해서 이야기하기 힘들었던 점을 시사한다. 베케트가 추구한 바로 그것은 – 실패는 인생의 조건이며, 궁극적 성공이 주는 과거 소급적 후광이 제거된 실패 - 이었는데 실리콘밸리에서의 실패에는 실패에 관한 새로운 관용의 그 무엇을 위해 역설적이게도 베케트의 의도가 모두 제거되었다. 실패에 있는 독침을 빼어 냄으로써, 실리콘밸리 버전의 "더 잘하는 실패"의 만트라에는 오직 그 독침만이 말할 수 있는 독특한 부분이 빠지게 되었다.

마크 주커버그는 2017년 하버드 대학교에서 행한 연설에서 실리콘밸리의 실패의 복음에 관하여 아마 그 어느 누구보다도 더 잘 요약했을 것이다. "제이 케이 롤링은 《해리 포터》를 출간하기 전 열두 번이나 퇴짜를 맞았습니다. 비욘세마저도 '후광'을 얻기까지 백여 곡을 만들어야 했습니다." 이런 종류의 목록은 실리콘밸리 어느 곳이나 널려 있다. 그리고 그것들은 완전히 의미 없다. 결국, 거절당했다는 사실은 그만 두어야 한다는 것이 아니고, 계속해야 한다는 사실을 입증하는 것에 지나지 않는 것이다.

이렇게 인용된 횟수는 이 인용의 출처가 만들어진 분야 밖에 있는 사람들에게만 인상적인 것으로 되는 것이다. 누구라도 소설을 써본 사람이라면 여러분에게 열두 번 밖에 퇴짜를 받지 않았다는 것은 정말 순조로운 문학 에이전트 업무의 신호라고 얘기해줄 것이다. 그리고 백여 개의 작곡으로 히트를 기록한 것은 음악 산업계에 있는 거의 모든 사람에게는 탁월한 비율이 될 것이다. 이런 시행착오의 재포장 이야기는 일종의 구원의 서사로서 이미 우리 문화에 작동되어 왔다. "더 잘하는 실패"에서 반어적으로 "더 잘하는"의 부분을 빼고 작동된 것이다. 페일콘이 성장하자 캐스 필립스는 "여러분의 사체부검이 쿨하게 된 경험을 공유"하되 "언젠가 다른 날에, 여러분이 어떤 다른 방법으로 진짜로 성공하게 된 경우만 공유"하는 행사 프로그램을 만들었다. 이 행사에서 교훈을 얻을 수 있었다. 그러나 그 교훈들은 실패에 대한 것은 점점 줄어들고, 성공에 대한 것은 점점 많아지게 되었다. 페일콘이 만든 원래의 비전은, 그리고 페일콘과 비슷한 다른 이벤트들의 비전은, 정말 흥미로운 이야기, 즉 실패의 한 가운데 있을 때 어떤 느낌이 드는가, 누구의 실패에 대한 솔직한 이야기 또는 적어도 아직은 성공하지 못한 이야기를 어떻게 끌어낼 것인가를 원했던 것이었다. 그러나 이러한 것은 페일콘이 할 수 없는 어떤 것이었다.

그리고서 어느 정도는 반어적으로 페일콘은 그 자신의 성공의 제물이 되었다. 2014년 필립스는 샌프란시스코 페일콘을 폐쇄하면서, 〈뉴욕타임스〉에 "당신은 실패할 것이다라는 말은 어록사전에 있다."라고 말했다. 성인(聖人) 전기물 개발자 총회에 하나의 해독제로 인식되어 왔고, 기술 진흥 축제 이벤트 중 하나인 테크크런치 디스랍트(역주: TechCrunch Disrupt, 첨단 기술과 스타트업 회사에 초점을 두는 미국 온라인 신문 〈테크크런치〉가 주최하는 총회)

가 이런 이벤트들의 연장선이 되었다. 최고에 위치한, 보여주기를 열망하는 사람들, 그들도 힘든 때가 있었던 사람들로서, 애서튼 거리(역주: Atherton, 캘리포니아 샌마테오에 있는 거리. 최상위 부자들의 거주지로 유명)에서 모델 X(역주: 테슬라에서 만든 중형 호화 스포츠 쿠페형 전기 자동차)를 몰고 다니기 전, 그들의 실패 사례들이 이벤트에 선택되는 것은 상징적이었다. 실패에 대한 공개 담화는 중요한 개선책으로서 시작되었지만 그 시스템이 실패를 삼켜버리게 되었다.

실패 담론에 내재하는 유토피아주의의 허구

필립스가 페일콘의 셔터를 닫으려고 작정한 무렵, 엘리자베스 홈즈가 팔로 앨토에 있는 테라노스 본사에서 마이클 조던이 했던 말을 인용하였다. "나는 내 경기 경력에서 9,000번의 슛이 불발되었다. 나는 거의 300게임을 패배했다. 내가 해낼 것이라고 믿었던 결승 슛을 26번이나 놓쳤다. 나는 내 일생 동안 실패하고, 실패하고 또 실패했다. 그리고 이것이 내가 성공한 비결이다." 그 회사 테라노스는 실패의 담론을 맹목적으로 숭배했다. ‒ 회사의 주력상품인 에디슨이라고 불려진 혈액 검사 기계의 이름은 토마스 앨바 에디슨의 이름에서 따온 것인데, 에디슨이 한 유명한 말 때문이다. ‒ "나는 10,000번 실패하지 않았다. 10,000가지로 작동되지 않은 것을 발견했을 뿐이다."(그런데 아마 잘못 적용한 것일 게다.) 테라노스와 연관된 거의 모든 인공산물이 다 그렇듯이, 현재 잘못 되어 가는 것에 대한 집착은 거의 우주의 법칙에 반하는 것으로 보인다. 테라노스가 결국 실패했기 때문이 아니라 실제 테라노스가 한 것이 없기 때문이다. 테라노스에게 실패한 숏들이 있을 수 있었다면, 테라노스가 던진 숏은 어디에 있단 말인가? 하지 않은 일에서 한 일을 찾아낼 방법이 있나? 그 신생기업의 믿을 수 없을 정도의 비밀 유지와 그들의 법적 투쟁 기계 덕분에 우리는 아직도 그들의 속내를 모른다. 이제 산호세 미국 지방법원이 이에 대해 알아내는 방법밖에 뾰족한 수는 없어 보인다.

베케트의 "더 잘하는 실패"라는 말이 조던과 에디슨의 인용에 잘못 쓰여진 공통점은 그 표현방식이다. 그 인용은 한 개인에게 말하는 스스로 최적화된 훈계들이다. 그 말들은 큰 회사의 복도나 아니면 더 적당하게는, 대학 초년생 기숙사에서 한 개인이 때때로 좌절의 눈물을 흘리며 올려다보는 것이 더 어울릴 것으로 보인다. 실리콘밸리의 창업자들, 투자자들, 그리고 금융가들은 진짜 자기 자신들에 대해서 얘기할 때 일상적으로 일인칭 복수를 껴안는다. 비록 그들이 그 일인칭 복수를 사용할 때 왕처럼 "고귀한 우리"를 의미하는지, 아니면 그들 주변에 항상 서성이는 유령들을 상상하는 것인지 알 수 없는 방법으로 프레임을 씌워 여러분을 헷갈리게 하지만 말이다. 달리 말하면, 그들은 항상 적법하지는 않다는 느낌을 주는 방법으로, – 그리고 아마 진짜 실패가 아닌 실패가 일어나는 곳에서, 개인과 그 팀 사이를 뛰어넘는 것을 좋아한다.

이렇게 개인에 초점을 맞추는 것은 의미심장하다. 이런 동기부여 인용들이 구원의 이야기를 말하는 것이라면, 그것은 개인적인 구원이다. 철학자들은 인간 실존의 어떤 측면이 훨씬 고상한 쪽을 향해서 나아간다는 이념에 대해서 아직도 논쟁하고 있다. 그러나 어떤 철학자도 우리의 개인적 삶들이 상승궤도를 가리키고 있다고 생각하지 않는다. 한 종(種)으로서 우리는, 여러분이나 내가 오늘날 꿈꿀 수 없는 것을 미래에는 행할 지 모른다. 하지만, 개인으로서는, 자기초월의 창문을 우리가 고등학교를 졸업할 때쯤이면 거의 닫는다. 어느 쪽인가 하면 오히려, 사회적 진보는 우리의 개인적 실패의 의미를 빼앗아가는 경향이 있다. 어떤 병이 근절되기 전 그 병 때문에 죽어가는 마지막 세대를 생각해 보라. 사람들이 깨우치기 전 마녀로 몰려 화형당했던 마지막 여자에 대해서 생각해 보라. 마이클 조던이나 제이 케이 롤링에 관한 진부한 말들은, 우리가 모두 마이클 조던이나 제이 케이 롤링이다라는 아이디어가 전제되어 있어야 한다.

그 진부한 말들이 그 포스터의 의도일 필요는 없었다. 1818년에 독일 철학자 헤겔G.W.F. Hegel(1770~1831)은 "역사를 관조해 보면, 사람들의 행복, 국가의 지혜, 그리고 개인의 미덕은 도살 장에서(헤겔은 그렇게 불렀다) 희생되어 왔다."라고 말했다. 여기 서 한 가지 의문이 밀려온다. 무슨 원리로, 어떤 최종 목적 때문에 이런 끔찍한 희생이 제기되어 왔던가? 어떤 목적 달성을 위해 이 모든 실패와 엄청난 파멸을 감수할 만한 가치가 있는 것인가? 이러한 것이 철학사에서 보편적이며, 강력한, 그리고 빈번한 논쟁을 불러오는 이념이다. 그러나 그것은 "더 잘하는 실패" 뒤에 있는 이념은 아닌 것 같다. 비록 그 동기부여의 진부한 말들이 당신, 그래, 당신은 언젠가 당신의 빛나는 영광에 대해서 말할 수 있다고 주장하는 것은 아니더라도, 그 말들이 우리의 엄청난 희생을 종식시키는 것에서 설명되어야만 할 것이다. 그것은 유토피아주의라 불리는 것이며, 기술이 미래에 집착하는 모든 것, 기술산업이 불편해 하는 어떤 것이 있는 사상이다. 왜냐하면 유토피아주의는 정치적이기 때문이다. 유토피아주의는, 선하며 참된 기준에 의해 무엇이 다가올 나라에서 존재할 것이고, 무엇이 존재하지 않게 될 것인가로 설명되어야 하기 때문이다. 기술산업은 유토피아주의 밑바닥에 깔려 있는 약한 유토피아주의를 선호한다. 말하자면 모든 사람들을 자율주행 차를 몰게 하고, 아니면 인간을 화성에 착륙시키거나, 아니면 여러분에게 버리토 샌드위치를 30분 안에 가져다 주는 일 말이다.

"실패는 보다 나은 틀을 만들 수 있는 방법이다"라는 말의 뒷면

지금까지 실리콘밸리가 실패를 길들여 왔다면, 그것은 실리콘밸리가 스스로 돕는 한 기풍의 일부로서 그렇게 한 것이다. 실리콘밸리는, 실패가 여러분에게, 그리고 실패가 빌려온 언어에게, 궁극적 구원으로 가는 길로서 보다 나은 틀을 만들 수 있는 방법에 흥미를 가지고 있다. 스탠포드 대학교 d.스쿨에서 가르치는 수업, 디자인-사고 과정에는 다섯 단계가 있다. 공감, 정의, 관념화, 시제품, 검사가 그것이다. 실패가 가장 중요하게 작용하는 과정은 네 번째 시제품 단계인데, 여러분은 '빠른 실패'와 '재빨리 다시 시작하기'가 필요하다. 여러분이 공감과 관념화 단계를 마쳤다면, 이제는 여러분 자신에 대한 기대의 단계이다. 이 방법을 가르치는 가장 유명한 강의 수업에서는 기구나 웹사이트를 거의 사용하지 않는다. 그 강의는 '여러분의 인생 설계'라고 불리는데 데이브 애반스Dave Evans와 빌 버니트Bill Burnett에 의해 가르쳐진다. 에반스와 버니트가 그 강의에서 가르친 내용을 편집한 책 《여러분의 인생 설계: 어떻게 잘살고 즐거운 인생을 만들 것인가》가 2016년에 출간되어 성공을 거두었는데, 이 책과 그 강의는 버니트가 테드엑스 톡(역자주: TEDx talk, TED와 유사하지만 독립된 행사, TED와 자유계약을 맺은 누구라도 조직할 수 있고, TED의 몇 가지 원칙에 따라야 한다.)에서 말한 "여러분 인생의 가장 흥미로운 설계문제"라는 아이디어의 전제가 된다.

기술산업은 유토피아주의
밑바닥에 깔려 있는 약한
유토피아주의를 선호한다.
모든 사람들을 자율주행 차를
몰게 하고, 인간을 화성에
착륙시키거나, 여러분에게
버리토 샌드위치를 30분 안에
가져다주는 일 말이다.

디.인생(d.life)이라고 알려진 이 수업은 의미심장하게도 디자인 사고를, 디자인 사고가 첫 번째로 뚜렷하게 선명한 영감을 깊이 받는 영역으로 되돌려놓는다. 그런데 그 영역은 빈번히 많은 용어들 뒤에 숨어 있다. 대부분의 이 말들은 모두 '자아' 부분의 특별한 공감을 가지고 스스로 돕는 것으로 드러나고 있다. 공감에 관한 모든 이야기가 결국 디자인 사고의 첫 단계이기 때문에 그것의 초점은 보통 창조적 자아에 관한 것이 된다. 실제 공감 단계는 다른 사람의 행동을 거의 관찰하지 않는 것으로 구성되고, 아마 사람들의 한 사물 또는 한 공간과의 상호작용을 담은 필름을 보는 정도이다. 좀 무정한 표현이지만 이것은 공감하지 못한 사람의 공감에 대한 생각이라고 말할 수 있다.

사회학은 오랜 동안 스스로 돕는 현상을 현대의 특성, 그리고 자본주의의 특성, 일종의 고독에 대한 반응으로서 간주해 왔다. 데일 카네기Dale Carnegie의 고독한 세일즈맨에 대한 충고에서부터 스펜서 존슨Spencer Johnson의 《누가 내 치즈를 옮겼을까?》(1998)"까지, 자조(自助)문학은 초기 방위감각과 위상을 상실한 삶을, 좌표들과 고정점들이 한때 객관적으로 타당하게 느꼈던 것이 이제는 붙잡기에 불안을 느끼게 되는 삶을 형상화한다. 우리가 공동의 기준과, 우리를 인정하는 내집단(內集團)의 관점에서 이탈되면 될수록, 우리는 우리 자신들과, 차갑고 단호한 사회의 시선으로부터 점점 더 혼자가 된다. 그리하여 우리는 우리가 소비하는 것을 통한 자기확인을 추구하게 된다. 우리의 집을 어떻게 꾸밀 것인가, 우리 자신을 어떻게 돌볼 것인가 등등이다. 스스로 돕기는 빈번히 우리의 자율성 주장에 관한 것이다. 이것은 사회적 규범 또는 역사적 상황을 부인하면서 하는 것이 아니고, 사회 안의 다른 개인들보다 사회적 규범이나 역사적 상황을 더 잘 이해함으로써, 그리고 그렇게 함으로써 우리의 상황 안에서 남들보다 앞서 나오면서 자율성을 주장하는 것에 관한 것이다.

그러나 디.인생(d.life)은 아마도 스스로 돕기 프로젝트로서보다는 일련의 산만한 속임수로서 이 사실을 피해 나오곤 했던 데에 더 많은 흥미를 느끼는 것 같다. 다른 많은 스스로 돕기 프로젝트처럼 디.인생도 통속심리학에서 빌려왔다. 구체적으로 말하면 디.인생의 중심적 운영은 인지행동치료(역주: Cognitive behavioral therapy(CBT)는 정신건강의 향상을 목적으로 행하는 사회심리적 치료이며 인지 부조화에 대응하여 그것을 변화시키는 데에 초점을 둔다. 이 치료는 행동 심리학과 인지 심리학에 바탕을 두고 있다.)에서 빌려온 것이다. 역사가 리 빈슬Lee Vinsel이 지적했듯이, 그 '인지 재구성'의 개념은 기본적으로 인지행동치료에서 흔한, 우리는 '부정적 사고양식'과의 싸움이 필요하다는 아이디어에서 직접 가져온 것이다. 우리는 아마 우리 주변의 세계에 대한 왜곡된 시각으로 살고 있는지 모른다. 그리고 우리의 대응기제는 우리에게 등을 돌릴지 모른다. 인지행동치료는 우리의 관계와, 우리가 그 관계를 이끌어 나가는 습관을 재구성한다고 약속한다.

인지행동치료가 대단히 영향력 있게 된 최소한의 이유는 인간 본성에 관한 어떤 꽤 오래된 아이디어로부터 얻은 것 때문이다. 그것을 금욕주의(stoicism)라 부르는데, 그렇지만 여기에는 또한 매우 미국적인 노동윤리도 있다. 즉, 여러분은 '할 수 있다(a can-do spirit)'는 정신을 가지고 여러분 자신과, 여러분의 환경에 대한 인식을 바꿀 수 있다는 것이다. 그러나 더 중요한 것은 인지행동치료는 이런 오래된 아이디어들과 훨씬 최근의 직관적 통찰을 결합했다. 최근의 통찰이란, 사람들도 프로그램화 될 수 있고 더 특이한 것은 재프로그램화 될 수 있다는 아이디어이다. 어떤 점에서 보면 '디자인 사고'는 이런 종류의 생각을 그런 생각이 고안된 곳으로부터 기술 영역으로 재해석한다. 바꿔 말해서 디자인 사고 안에서 자기개선과 프로그래밍이 하나가 된다는 얘기다.

그런데 이런 아이디어들이 인지행동치료에서 왔다면, 이런 아이디어를 통상적으로 서술하는 어휘는 주류(主流)분야에서 왔다는 느낌이 덜 든다. 예를 들면 '인지 재구성"이라는 용어는 신경언어 프로그래밍이라고 불리는 어떤 것에서 왔다. 인공두뇌 심리학cybernetic psychology의 아이디어는 제 2차 세계대전 이후 인공두뇌학과 정보이론이 많은 연구분야를 형성할 때 출발했다. 1970년대에 그레고리 배이트슨Gregory Bateson의 몇몇 제자들이 신경언어 프로그래밍 분야를 개척했다. 누구보다도 리차드 밴들러Richard Bandler 그리고 존 그라인더John Grinder와 관련하여 신경언어 프로그래밍은 오늘날까지 그 영향이 지속되고 있다. 비록 그것이 가짜 과학이라고 폭 넓게 간주된다고 하더라도 말이다. 비록 신경언어 프로그래밍 실행 개업자들이 그들의 가르침을 성문화하는 것을 거부하고 있을지라도, 그 기본 아이디어는, 우리가 우리의 심리작용을 바꾸고, 행동양식을 나타내기 위해 사용하는 언어를 바꿈으로써 우리가 행동양식을 재프로그래밍할 수 있다는 것이다. 그들은 '프로그래밍'을 꽤나 문학적인 의미로 쓰고 있는데, 소통에는 과실이 없고 모든 것은 행동의 자동제어 기능이라고 선언한다.

실패에 초점을 두는 것은 실리콘밸리가 계산개념을 심리학적 이론으로 해석하는 것처럼 보이는 중요한 매듭 – 아니면 비평가들이 말할 것 같은 스스로 돕기의 진부한 이야기이다. 실패의 신화 만들기는 마술처럼 여러분 자신이 보는 것을 공감하게 만든다. 전후 관계를 무시하고 "더 잘하는 실패"를 듣는 것은 여러분이 여러분의 자기망상을 겸손한 자세로 탈바꿈시키는 것을 허용한다.

가장 큰 성공은 실패의 자유로부터 나온다는 말의 양면성

마크 주커버그가 2017년 하버드 대학교 졸업식에서 행한 실패의 복음에 관한 연설은 그의 평판에 가장 큰 문제가 될만한 것으로 인정된다. 그 연설은 철두철미하게 중산층의, 젊은, 백인, 그리고 능력 있는 시민에게 적절하게 기능하도록 상정(그리고 여기에 의존)된 것이었다. 그는 "가장 큰 성공은 실패의 자유로부터 나옵니다."라고 말했으며 조금 후에 다음의 말을 덧붙였다. "저는 많은 사람들이 만약 그들이 실패하면 뒤로 넘어질 때 받쳐줄 쿠션이 없어서 꿈을 추구하지 못했다는 것을 압니다."

크게 보아 미국 자본주의 안에서, 그리고 터무니없게도 기술산업이 관련되는 곳에서는, 실패의 의미가 누가 실패할 것이냐에 달렸다는 점에서는 주커버그가 맞다. 기술산업에서 실패는 항상 일시적이 될 것으로 추정되지만, 다른 모든 사람들에게 실패는 종말이다. 손실 때문에 택시회사가 문닫게 생겼다고? 친구야, 창조적 파괴 몰라? 죽기 아니면 살기야. 우버가 큰 손실을 입었다고? 그건 단지 회사의 예지력이 어떠한가를 보여주는 신호일 뿐이야. 이런 이중 잣대는 기술산업 밖에 있는 노동자들에 대한 착취를, 그리고 어떤 경우에는 기술산업 안의 노동자들에 대한 착취도 정당화시킨다. 결국, 모든 실패가 일시적일 것으로 추정하는 세계에서는, 스타트업 회사에서 자신들을 활용하지 못한 노동 인력이 있다. 그들은 그들에게 약속한 옵션이 이행되지 않을 때 회사에 소송을 제기하는 대신 회사를 떠난다. 회사는 그들에게 땡전 한푼 안 주고 문을 닫는다. 그리고 조용히 다음 스타트업으로 옮겨간다. 보다 열심히, 보다 잘하는 실패를 한다. 기술 산업은 가장 잘 보상받는 종업원들까지도 한가지 단순한 사실을 잊게 만드는 데에 능숙하다. 다른 실패에 관한 것은 몰라도 실패의 책임, 특히 서로 간의 책임을 잊게 만든다.

어떤 사람이 '빠른 실패' 그리고 실패를 '반복'하는지 안 하는지의 문제는 사회적 요인에 크게 달려있다. 인종과 계급, 두 가지가 그 사회적 요인이지만 제일 민감한 것은 아마도 연령일 것이다. 2017년 일련의 끔찍한 언론의 주목을 받은 후, 당시 우버의 CEO 트래비스 캘러닉은 "저는 지도자로서 그리고 철든 어른으로서 근본적으로 변해야 합니다."라고 받아들였다. 비록 머리가 벗겨지기 시작하는 나이에 스케이드 보드를 타는 사람들로 빼곡해지는 곳, 그리고 중년의 나이에도 트릭-오어-트릿(역주: trick-or-treat, 핼로윈 축제 때 아이들이 이웃집들을 돌아다니며 '사탕을 주지 않으면 장난칠 거예요.' 하며 노는 전통, 하지만 여기에서는 프라이드 퍼레이드Pride parades – 동성애자, 양성애자, 성전환자 등 성적 소수자들이 법적 지위, 사회적 용인, 자존심 회복을 요구하며 하는 행진 – 를 암시한다.)이 허용되는 샌프란시스코에서도, 700억 달러의 회사 CEO로서, 마흔 살의 나이에, 자기 인생과 스스로의 결정에 책임지는 것을 배워야 하는 나이의 아이처럼, 지나치게 열광적으로 행세한 것은 좀 너무한 것처럼 보였다. 아무나 젊게 될 수도 젊게 행동할 수도 없는 것이다. 그리고 실리콘밸리에서, 대부분의 사람들에게는, 젊게 되거나 젊게 행동하는 것이 지지를 받을 수 없

트래비스 캘러닉

게 되었다.(역주: 2017년 우버 회사 내 성희롱 사건이 캘러닉에게 보고됐는데 아무런 후속 조치가 없다가 같은 주 이 성희롱 사건을 밝혀내지 못했다는 이유로 수석 부사장을 해임시킨다. 캘러닉이 2017년 2월 운전자를 꾸짖은 사건으로 과열된 논쟁에 대하여 한 우버 운전자와 토론하기 전에 캘러닉이 두 여자 사이에서 엉덩이와 어깨를 흔들며 춤추는 동영상이 유포되었다. 2017년 3월 우버의 부사장 에밀 마이클이 캘러닉의 전 여자친구의 인사문제 불평을 무마하려고 접촉한 것을 전 여자친구가 언론에 폭로한 사건. 캘러닉과 최고경영진들이 한국인이 운영하는 에스코트 바에 간 사건 등으로 결국 같은 해 6월 CEO 자리에서 사임하게 된 사건 등 캘러닉은 캘리포니아 법을 수시로 무시하는 행동으로 비난받아 왔다. 저자는 실패를 다반사로 여기는 분위기가 만연한 실리콘밸리에서도 40이 넘은 나이에 게다가 700억 달러 규모의 큰 회사의 책임자는 실패에 대해서 신중해야 한다고 주장한다.)

실리콘밸리에서 실패는 빈번히 젊음의 특권이거나 아니면 캘러닉의 경우처럼 젊게 행동하는 것이 특권이 된다. 예를 들면 페일콘의 연사와 참석자들이 '완전한 한 무리'라고 캐스 필립스가 주목한 것처럼 말이다. 그들의 나이는 스물여덟에서 마흔다섯 살에 걸쳐 있다. 연사들은 대개 과거 몇 년 동안에 있었던 실패들에 대해서 얘기했다. 그런데 주목할만한 한 예외의 경우는, 한 불행한 출연자가 행사 3주 전에 얘기의 주제를 바꿨는데, 그의 다음 벤처가 실패했기 때문이었다. 창업자들 그리고 투자자들은 가끔 '활주로'에 대해서 얘기한다. 실패는 문제가 안 된다. 왜냐하면 여러분은 이륙하는데 아직 많은 시간이 있기 때문이다.

이 실패의 활주로는 지역적 요소가 있다. 실리콘밸리에서 실패는 버블랩(역주: 뽁뽁이 비닐 포장, 안전 장치라는 의미)에 쌓여서 온다. 정확하게 말하면 돈을 준 사람 그리고 얼빠진 아이디어로 그 돈을 말아먹은 사람들이 다시 뭉쳐 일하거나 아니면 적어도 파티에서 조우하게 된다. 그런데 그렇지 않은 사람들은 어떤가? 여러분이 만약 그 써클 안에 있지 않는다면, 그때는 전혀 다른 일련의 법칙들이 적용된다. 지금은 쓸모 없이 휴지가 돼버린 주식을 위해 수면, 급료, 보건의료, 그리고 사교생활을 포기한 많은 종업원들은 다음 번 승리를 위해 바퀴를 돌리는 일에 산파역할을 하지 못한다.

실리콘밸리에서 가게 문을 닫는 데에는 여러 가지 방법이 있다. 인수당하는 것, 어크하이어(역주: acquihire, 기업이 다른 기업을 인수할 때 그 기업 직원들의 가치를 높이 사 자신의 기업으로 고용하는 것의 신조어), 단계적 축소, 투자자 매수, 또는 규모를 작게 하여 새로 출발하는 것 등이다. 그렇지만 회사가 어떻게 죽느냐에 따라서, 대부분의 종업원들은 이런 거래들의 일부가 되지 못한다. 구글이 안내직원, 아니면 홍보직원까지도 어크하이어하지 않을 테니까 말이다. 실리콘밸리의 성 역학 구조를 놓고 볼 때, 이것은 남자들이 주로 "더 잘하는 실패"를 하는 것을 뜻한다. 많은 창업자들이 대학에서 만났다는 것을 감안하면, 최고의 팀과 같이 학교를 다닌 것은 플러스 요인이다. 여기서 제외된 사람들은 하도급업자 취급을 받고 보통주만 받거나, 잠깐 귀속했다 떠나는 사람들 취급을 받거나, 연금수령권의 절벽에 도달하기 전에 이해하기 힘든 부정적 업무평가를 받고 내쫓기는 사람들이다.

그리고 사업을 다시 하는 사람들을 위한 이 업계의 법칙은 추한 면을 지니고 있다. "이 업계에서는 아무도 소송을 제기하지 않아요. 왜냐하면 누구도 따돌림 당하고 싶지 않기 때문이죠."라고 실리콘밸리의 한 변호사가 내게 말한 적이 있다. 또는, 한 천사 투자자(역주: angel investor, 신생기업 또는 벤처기업에 투자하는 사람)가 말했듯이, 실패한 벤처기업도 창업자 이야기를 하는 것이

'가능하게' 만드는 것은 중요한 것이다. 이와 비슷한 것이 종업원들에게도 해당한다. "많은 걸 배웠습니다."는 누구든지 여러분을 고용하고, 씨 뿌리고, 자금 제공하고, 아니면 여러분의 다음 번 일에 대해 조언해 주는 사람들이 듣고 싶어 하는 말이고, "그 잡종 새끼가 내 돈을 많이 등쳐 먹었다."는 아니다.

비록 실패에 대한 실리콘밸리의 접근이 가장 심각한 사회문제는 아니지만, 거기 그 이야기의 가장 중요한 부분에는 깊게 부식된 어떤 것이 있다. 실패 이야기의 맹목적 숭배, 그리고 실패로부터의 궁극적 구원은 캐스 필립스가 염두에 둔 것, 즉 실패를 음미하고 실패를 이해하는 것을 방해한다. 비록 우리가 주커버그가 하버드 대학에서 연설할 때 마음속에 그린 것으로 보이는 유토피아에 도달할 수 있다고 해도, 모든 사람이 실패할 자유가 있고, 사회는 그 사람들을 가장 극단적인 결과로부터 막아주는 데에 최선을 다하고, 그리고 그들이 다시 도전할 수 있게 도와 주는 곳이 있는 유토피아가 있다고 해도, 그런 체제의 매끄러움에는 어떤 말썽이 있을 수 있다. 결국, 실패의 복음은 모든 실패가 단지 더 큰 성공을 위한 디딤돌이라고 당연시하는 데에 있다.

보다 젊은 많은 벤처캐피털리스트들은 그 자신들이 크게 성공한 창업자들이고, 그들은 그들의 우발적 성공에 흥분이 가라앉지 않은 상태이다. 나는 실리콘밸리에서 일확천금을 움켜쥔 사람들이 자신들의 성공에 놀라서 말문을 열지 못하는 것을 보아왔다. 그 성공이 너무나 일찍이, 정말 예기치 않게, 아주 소리 없이, 청천 하늘에 날벼락처럼 온 것이다. 그렇지만 사람들은 자기에게 일어난 것의 의미를 알아야 한다. 어떤 사람은 자기들의 행운에서 거의 수줍을 정도로 몸을 뺀다. 그러나 몸을 빼지 않은 사람들은 자기 자신에게 그 성공에 관한 이야기를 말해야 한다. 왜 그들이 그런 행운을 받을 자격이 있는가? 그 행운은 무슨 의미인가?

헤로도토스Herodotus는 그의 저작《역사》에서 기원전 6세기 사모스의 폭군, 폴리크라테스Polycrates의 이야기를 언급한다. 폴리크라테스는 그가 힘써 시도한 모든 것을 성공해 왔었다. "어디가 됐던지 그가 지휘하는 모든 전투에서, 행운은 끊임없이 그의 편이었다. 한 연

헤로도토스

합군 지휘자는 그를 가리켜 지나친 행운이 있을 때는 신들의 질투를 피하기 위해서 그가 무엇보다 가치를 두는 것에서 벗어나야만 한다."고 말했다. "성공만을 알기 보다는 행운만큼이나 궂은 일을 경험하는 삶을 살아야 한다." 폴리크라테스는 값을 매길 수 없을 만큼 귀중한 반지를 에게해에 던지기로 결심했다. 그러

폴리크라테스의 반지 관련 삽화

나 얼마 지나지 않아 폴리크라테스의 요리사들 중 하나가 가장 예기치 못한 발견을 갖고 왔다. 궁중 주방에서 연회에 쓰일 생선을 준비하는 동안 그 요리사가 통치자의 반지를 발견했고, 그리고 자연스럽게 즉시 그 반지를 그에게 돌려주게 된 것이다. 겁에 질린 그 연합군 지휘자는 폴리크라테스를 버린다. 폴리크라테스의 연장된, 그리고 그 질긴 행운에 겁을 먹은 것이다.

이 책《실리콘밸리, 유토피아 & 디스토피아》에서 탐구한 개념들은 폴리크라테스의 이상한 운명과 유사한 어떤 것을 해결하려고 노력한 많은 시도라고 읽을 수 있다. – 왜 성공은 특정한 개인, 특정한 회사, 특정한 경제분야에서만 끈질긴 힘으로 나타나는가 하는 이유를 찾기 위한 시도라고 할 수 있다. 그런데 이 책에서 추적한 그 일종의 사상이라고 부르는 것은, 귀중한 반지를 던져버리기 보다는 폴리크라테스의 딜레마를 피하기 위하여 그 사상의 재구성을 추구하고 있다. 실리콘밸리의 주인공들은 그들의 상승의 불가사의한 매끄러움에 직면할 때, 회사의 창업을 위해 대학 중퇴를 수반하는, 가상의 중단과 실존적 위험을 숭배한다. 플랫폼이 그들을 부자로 만들어 주고 다른 사람들은 계속 가난하게 만드는 사실에 직면하여, 왜 이게 그래야만 하는지를 설명하는 이야기를 찾아낸다. 그리고 실패, 비통, 그리고 불편함을 단순히 디딤돌로 강등시키고, 그들은 그들과는 다른 많은 우리들에게 이 디딤돌이 어느 곳으로도 인도하지 않는 사실을 묵살한다.

실패를 길들이는 것은 폴리크라테스의 한 세대가 실존적 딜레마와, 그 딜레마를 해결하려는 노력 두 가지 전부를 다음 세대로 떠넘기는 곳에 있다. 왜냐하면 가장 입이 딱 벌어질, 가장 불가해한 성공을 겪은 사람들만이 결국 다음 세대의 스타트업에 자금 지원을 하게 되기 때문이다. 여러분이 만약 단계적 축소나, 어크하이어 되거나 또는 다른 종류의 '우아한 퇴장'을 한다면, 여러분은 대개 벤처캐피털을 할만한 현금이 없게 된다. 그런 일을 할만한 현금이 있는 사람들 중에는 그들의 현실감각이 심하게 왜곡되어 있을 수 있다. 그리고 아마 그럴 수밖에 없을 수도 있다. 그들은 그들의 기이한 행운에 어쩔 줄 몰라 하기 때문이다. 아마도 실리콘밸리가 실패에 대해서 아직 더 배울 수 있는 가장 중요한 교훈은 실리콘밸리가 자신의 성공 앞에서 무력하다는 점이다.

지 은 이 의 말

이 책이 나오기까지 오랜 시간이 걸린 것은 내가 인문학을 연구하는 사람으로서 기술산업에 대한 경험이 적은 상태로 실리콘밸리의 생소한 환경에 익숙해지면서 쓰기를 시작했기 때문이다. 나는 다년간 기술산업에서 접한 아이디어들에 대하여 나에게 숨김없이 말해준 많은 분들께 감사의 말씀을 드린다. 이 책에서 시연된 논평들 중 몇 개는 이 분들한테서 첫 번째로 영감을 받았는데, 그 이유만으로도 그분들의 이름을 거론해서는 안될 것같다. 나는 나에게 실리콘밸리 여기저기를 얘기하는 매력적인 임무를 주고, 나를 로즈우드 샌드 힐(역주: Rosewood Sand Hill, 미국 캘리포니아 팔로 앨토에 있는 고급 호텔)의 쿠거 나이트(역주: 로즈우드 샌드 힐의 목요일 밤을 뜻하는데, 이때 실리콘밸리의 부자들과 많은 사교계 여자들이 모여 즉석 만남도 이루어진다.)에 보내주고, 스탠포드 대학교 벅민스터 풀러 컬렉션(역주: 스탠포드 대학교 도서관 내에서

R. Buckminster Fuller의 소장품, 기록물, 원고, 비디오/오디오 등을 보관 전시)에 깊게 들어 가도록 요청하고, 일론 머스크의 팬들이 나에게 화를 낼 때 나의 이메일을 노출시키지 않은 프랑크푸르트 알게마이네 차이퉁, 노이에 취르커 차이퉁, 그리고 차이트 온라인의 편집진에게 감사드린다.

로직 출판사 편집인들 – 모이러 와이글Moira Weigel, 벤 탄노프 Ben Tarnoff, 크리스타 하트소크Christa Hartseck, 그리고 짐 핑걸Jim Fingal – 은 이 책이 만들어지는 데에 산파 역할을 했다. 몇몇 작가들 – 샤웨이 왕Xiaowei Wang, 웬디 류Wendy Liu, 그리고 다른 분들도 이 멋진 출판물의 산파 역할에 동참했다. 내 스탠포드 대학교 동료, 프레드 터너Fred Turner, 제니퍼 번즈Jennifer Burns, 애니카 버틀러-월Annika Butler-Wall, 퍼시스 드렐Persis Drell, 조슈아 랜디Joshua Landy, 그리고 드니스 윈터즈Denise Winters 등은 내가 스탠포드 부분을 얘기할 때 내가 할 수 있는 것 중 최고로 잘하게 도와 주었다. 이 책의 스탠포드 대학 부분의 팩트체크를 해 준 아시 황Ashe Huang에게, 그리고 그것을 전부 다시 한 번 팩트체크해 준 윌 태블린Will Tavlin에게 많은 감사를 드린다. 그리고 내 원고를 수개월에 걸쳐 수정하는 데에 노고를 아끼지 않은 FSG 출판사의 잭슨 하워드Jackson Howard와 에밀리 벨Emily Bell에게 많은 감사를 드린다.

나는 이 책《실리콘밸리, 유토피아 & 디스토피아》에 끌어 온 많은 학자들, 수필가들, 그리고 저널리스들에게 빚을 졌다. 이 책에서 인용된 참고도서 목록은 adriandaub.com/#what-tech에 있다.

옮 긴 이 의 말

저자 애드리언 도브는 이 책에서 실리콘밸리를 사로잡고 있는 개념들을 조사하고 있다. 그는 실리콘밸리에서 출발한 경제적 격변이 어떻게 그렇게 그럴싸하고 또 피할 수 없는 것으로 되었는가라는 물음을 던진다. 이 책의 부제 "실리콘밸리의 지적 기반에 대한 탐구(An Inquiry into the Intellectual Bedrock of Silicon Valley)"가 암시하는 것처럼 이 책은 기술산업에 대한 깊은 통찰이 담긴 비평이다. 저자는 이 책에서 실리콘밸리에 스며든 아이디어, 가치 그리고 철학 등을 정의하고 해체하고 거기에 도전한다. 저자는 혁신, 분열, 위험감수 등의 용어가 내포한 의미를 파헤치고 우리에게 그러한 말들의 밑바탕을 생각하도록 요구한다. 실리콘밸리가 세상을 바꾼 기술혁신에 동일하게 중요한 것은, 실리콘밸리 자신을 설명하고 정당화하는데 쓰여진 언어와 사상이라고 말한다. 그리고 그 환상적인 새로운 사상은 사실은 빈번하게 오래된 모티프에 새옷을 입혀놓은 것이라고 본다.

이 책《실리콘밸리, 유토피아 & 디스토피아》의 원제 "What Tech Calls Thinking"는 하이데거의 저서 "사유라고 부르는 것은 무엇인가?(What Is Called Thinking?)"를 연상하게 만드는데, 하이데거는 현대성에 대해서 '존재의 망각'이라는 말로 허무주의적 평가를 내렸다. 애드리언 도브의 실리콘밸리의 사상에 대한 관점도 은연중 냉소적인 면이 보인다. 기술혁신은 사업모델의 일부이기도 하기 때문에 문제 해결을 위해 소비자에게 기계장치나 앱을 제공하여 맹목적으로 신제품을 숭배하게 한다. 이는 유사한 사례가 예전에 일어났을 때 분석적 도구들을 사용하여 해결했던 대중들의 할 일을 배제시키는 것이다.

"중퇴"의 신화에서부터 시작하여 "콘텐트" "천재" "소통" "욕망" "혼란" 그리고 "실패" 등 총 일곱 개의 장들을 통하여 실리콘밸리의 사상의 원천을 거슬러 올라가 마르틴 하이데거, 아인 랜드, 칼 맑스, 요셉 슘페터, 빅서에 있는 이살린 뉴 에이지 재단, 미국의 천막 부흥회를 추적한다. 이 책은 실리콘밸리가 스스로에 대해서 얘기하는 신화의 커튼을 열어 젖혀 그들의 기풍과 자기확대를 파헤쳐 논박한다. 기술이 우리 일상생활에서 어떻게 작용하는지 논리로써 해부한다. 실리콘밸리의 거인들은, 그들의 유토피아적 상상 속에서, 우리들의 최대 관심사인 최근에 일어나고 있는 민주주의, 진실, 사생활 보장, 안전에 대한 위협에 대해서 그들의 기술진보의 추구의 결과만큼 진정으로 생각하지 않고 있다고 말한다.

저자는 기술산업에 있는 수익구조의 모순점을 고발한다. 실리콘밸리의 회사나 기관들은 세상에서 가장 개인주의적인 형태로 투자받는데 반해, 그 어떤 직업보다 가장 집단적인 노동환경에서 일한다. 많은 연구나 노동 그리고 비용은 사회화된 구조인데, 이익이나 그것을 저장하는 곳은 사유화되어 마크 주커버그나 일론 머스크 등에게 돌아간다. 그리고 우리가 페이스북이나 트위터 같은 소셜미디어를 생각할 때, 플랫폼 디자인과 접촉 알고리즘은 뜻이 맞는 사용자 그룹과 반대하는 그룹으로 나눈다. 많은 경우 기술산업 회사들은 그들의 힘이 우리에게 집단적 행동을 하도록 할 때 최고의 수익을 낸다.

이십 년 전에만 해도 도저히 이루어질 수 없는 미래의 것이라 여겼었던 방법으로 보다 넓은 세계와 갑자기 연결되었을 때, 인간 잠재력에 대한 놀라운 느낌이 있는 반면, 다른 한편으로는 우리가 계속 엉망으로 만들고 있다는 느낌이 있다. 그것은 우리의 통신 미디어가 스팸으로 가득 차고, 섹스팅으로 넘치고, 나치 찬양자들의 오물 구덩이로 되는 것이 우리가 플랫폼에 잘못했기 때문이라는 기분을 갖게 한다. 저자는 익명성에 가려진, 그리고 언론의 자유라는 미명의 장막 뒤에 숨어있는 가짜 뉴스, 악성 댓글의 무분별한 폭력성과 냉소주의의 원인을 유추하고 분석하고, 그 냉소주의와 소크라테스가 택한 방식, 죽음도 불사한 파르헤시아Parrhesia, 권력 앞에서 진실을 말하는, 그 조롱당한 증언과 혼동하지 말아야 한다고 경고한다. 악성 댓글은 소통의 공유된 목적과(상호 설득, 대화에 몰두), 동시에, 당신의 그리고 당신에게 도전하여 호소하기를 원하는 사람의 공유된 청중들을 함께 저버리는 것이며 이런 냉소주의적 주체에서 남는 것은 냉담, 무관심 그리고 자기충족 뿐이라고 말한다.

그러나 이책《실리콘밸리, 유토피아 & 디스토피아》는 경구 그이상이다. 많은 흥미로운 부분이, 현실세계와, 마케팅 도구와, 대충 이루어진 합리화로 바꿔진 아이디어 사이에 있는 간극을 파헤친 저자의 날카로운 필치에 있다. 저자는 우리에게 기술혁신이 무엇이며 그것이 가져올 미래는 어떤 것인지 생각하도록 요구한다. 이 책의 마지막 부분에서 저자는 우리에게 실리콘밸리의 윤리성에 대한 의문을 던진다. "그들이 만든 플랫폼이 그들을 부자로 만들고 다른 사람들은 가난하게 만든 사실에 직면하여, 그들은 왜 이게 꼭 그렇게 되어야만 했는지" 설명하는 이야기를 찾아낸다. 실패, 고뇌, 불안 등은 단지 징검다리에 불과하다고 그들은 말한다. 그러나 이 징검다리가 많은 우리에게 그 어느 곳으로도 인도하지 않는다는 사실을 묵살하고 말이다.

많은 사람들이 공감대를 형성하고 있는 생각 중 하나는, 아마도 우리가 지금 대 변혁의 시작점에 있다고 본다는 점일 것이다. 구체적으로는 클라우스 슈바프(Klaus Schwab)가 의장으로 있는 2016년 세계 경제 포럼(World Economic Forum, WEF)에서 주창되었듯이, 우리는 지금 제4차 산업혁명의 시작점에 있다고 보는 견해이다. 즉 정보통신기술(ICT)의 융합으로 이루어지는 혁신, 이 혁신의 핵심은 빅 데이터 분석, 인공지능, 로봇공학, 사물인터넷, 무인 운송 수단(무인 항공기, 무인 자동차), 3차원 인쇄, 나노 기술과 같은 분야에서 새로운 기술로써 이루어지는 변혁이다. 물리적, 생물학적, 디지털적 세계를 빅 데이터에 입각해서 통합시키고, 경제 및 산업 등 모든 분야에 영향을 미치는 다양한 신기술로 설명될 수 있다고 한다. 이런 변혁의 중심에 있는 실리콘밸리에서 어떤 사람들이 일하며, 그 사람들은 어떤 생각을 하고 있는가를 살펴보는 것은 매우 뜻깊고 시의적절한 일이라고 보인다. .

이 책을 우리말로 옮기면서 어려웠던 점은 실리콘밸리에 관한 새로운 용어와 저자가 끌어 인용한 많은 사상가들에 대한 정보뿐만 아니라, 문학과 철학을 전공한 저자의 유려하고 유머감각이 넘치는 필치와 소위 스탠포드식(Stanford chic) 영어로 쓰여진 원문을 어떻게 한국 독자들에게 전달하느냐 하는 점이었다. 역자 나름대로는 최선을 다했지만, 우리말과 영어 사이에 있는 언어구조적 간극만이 아니라 둘 사이의 문화적 다름에서 오는 이

질감을 극복하는 것은 쉬운 일이 아니었다.

이 책이 나오기까지 도서출판 광세 이춘호 사장님의 따뜻한 격려와 후원에 깊이 감사 드린다. 또한 이 사장님과의 좋은 인연의 다리를 놓아주신 고수연님께 감사드린다. 저자의 스탠포드식 영어를 이해하는데 도움을 주신 캘리포니아에 있는 내 친구 샌드라 젠센(Ms. Sandra Jensen)께 특별히 감사를 드린다. 일일이 거명하지는 못하지만 음으로 양으로 격려를 아끼지 않으신 많은 친지들과, 특히 나의 사랑하는 가족 형제 제위에게 깊이 감사드린다.

2021년 11월, 옮긴이 이동수 올림